滋賀の市民社会のカタチ

気楽に元気で

淡海《おうみ》ネットワークセンターの10年

淡海ネットワークセンター 編
（財団法人 淡海文化振興財団）
谷口 浩司 監修

SUNRISE

目次

ぼくの気楽なメッセージ……日高 敏隆 6
まえがき……淡海ネットワークセンター事務局長 浅野 令子 8

第1部 市民社会をかたちづくる人々

風の人 土の人 火の人 水の人

●あふれる豊かな愛と支える小さな力

地域で暮らす、地域が育てる……滋賀県職員 北川 憲司 12
気がつけば木に登って空を……NPO子どもネットワークセンター天気村 山田 貴子 16
【トピックス】子どもたちへの温かな眼差しに導かれて……滋賀県立陶芸の森 主任学芸員 三浦 弘子 20
多文化共生社会の実現に向けて……近江八幡市外国人窓口相談員 前田 オルガ 豊子 22
豊かな心が明日を創る……絵本による街づくりの会 平松 成美 26
【トピックス】ほしいものを自分たちで創る……びぃめ～る企画室 小川 泰江 30
いつまでも我が街で暮らし続けるために……株式会社なんてん共働サービス 溝口 弘 32

●自らの手で琵琶湖を守る喜び

環境滋賀への思い……東近江市職員 奥村 清和 35
「山門水源の森」の生物多様性を次の世代に引き継ぐために……山門水源の森を次の世代に引き継ぐ会 藤本 秀弘 38
琵琶湖の豊かさを取り戻そう……びわ湖自然環境ネットワーク 寺川 庄蔵 42

市民が主役、持続する活動……里山保全活動団体　遊林会　武藤 精蔵　46

【トピックス】市民活動は楽しく　ストップ・フロンと温暖化防止　ある電気店の挑戦
……ストップ・フロン全国連絡会　野口 陽　50

石けん運動から現在に至る環境問題に取り組む市民活動……滋賀大学教育学部教授　川嶋 宗継　52

●ここが好き。だから知りたい、大切にしたい、伝えたい

まちづくりを考えるとは……近江八幡市職員　吉田 正樹　55

雨森芳洲に学ぶ民際外交……雨森まちづくり委員長　平井 茂彦　58

生活の知恵に学ぶ豊かな暮らし……蒲生野考現倶楽部　井阪 尚司　62

山村の生活文化を発信……朽木針畑山人協会　山本 利幸　66

【トピックス】中世城跡をネットワークする……近江中世城跡保存団体連絡会　泉 峰一　70

出会いから始まったスローライフなまちづくり……五環生活　竹内 洋行　72

安心・安全なまちづくり……西大津駅周辺防犯推進協議会　宮尾 孝三郎　75

【トピックス】企業も善良な一市民……三方よし研究所　岩根 順子　78

草の根まちづくり……滋賀大学経済学部教授　北村 裕明　80

座談会「若い世代が描く10年後の市民活動の姿とは？」……83

自立と協働――地域再生と新しい市民社会のかたち――……佛教大学社会学部教授　谷口 浩司　99

第2部　淡海ネットワークセンター10年のあゆみ

淡海ネットワークセンター設立の経緯とあゆみ …… 滋賀大学経済学部教授　北村　裕明　106

こぼれ話

市民参加とネットワーク形成 …… 市民活動・NPOコーディネーター　阿部　圭宏　109

委員の煩悩、多志協助 …… おうみNPO活動基金運営委員　松田　弘　112

素晴らしい未来につなげる「おうみ未来塾」 …… おうみ未来塾第1期生・おうみ未来塾運営委員　澤　孝彦　114

「おうみネット」の10年 …… 編集ボランティア　大山　純子　116

「おうみ市民活動屋台村」から「たかしま市民活動屋台村」へ …… マキノまちづくりネットワークセンター　藤原　久代　118

資料編

市民活動関連年表 …… 120

淡海ネットワークセンター10年の記録 …… 125

あとがきにかえて …… 152

※執筆者・団体等のプロフィールは2008年1月現在のものです。

本誌に掲載している滋賀県の市民活動団体・NPOなど

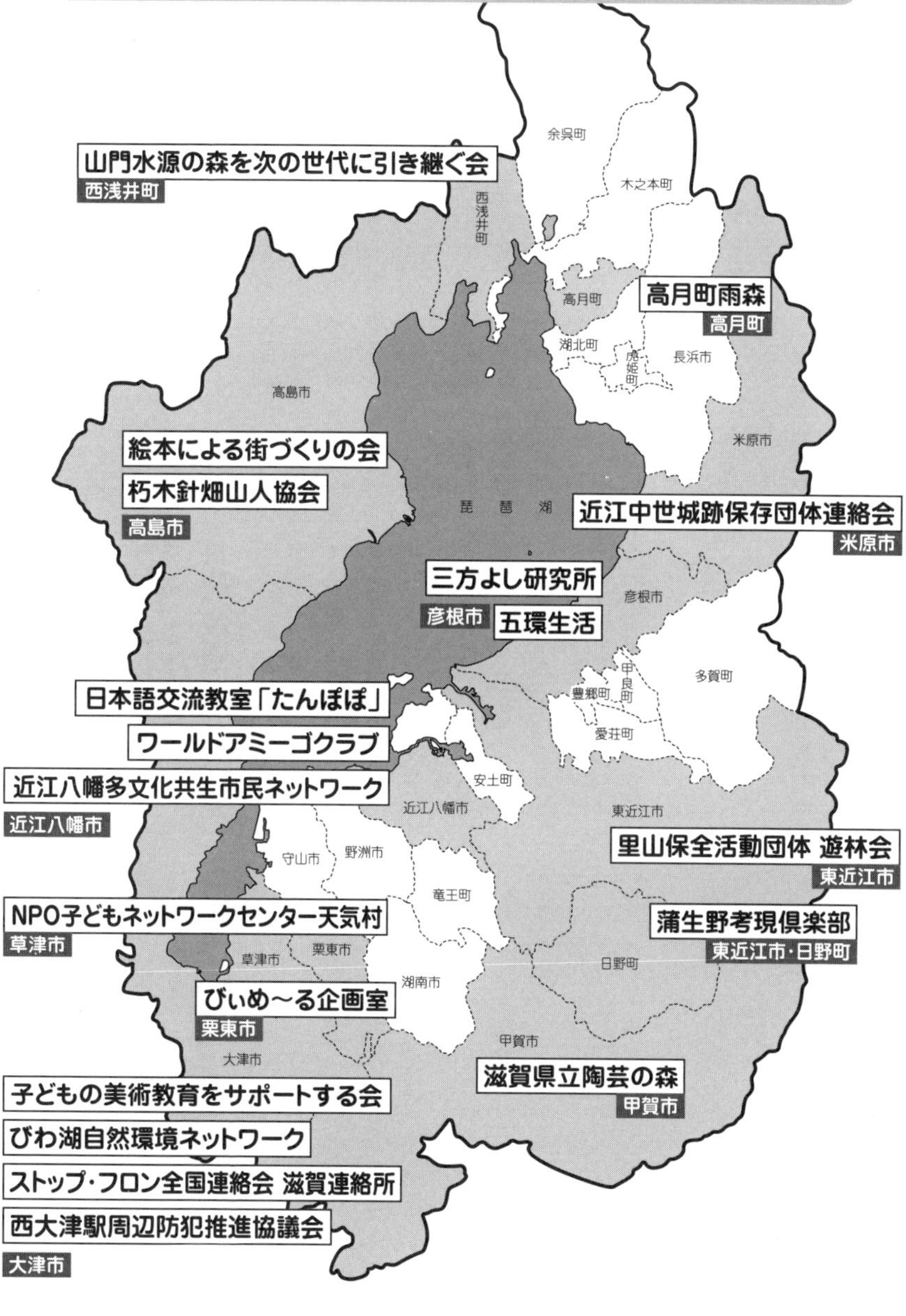

ぼくの気楽なメッセージ

日高 敏隆

日高敏隆（ひだかとしたか）

元滋賀県立大学学長。動物行動学者。1999年の「おうみ未来塾」開塾以来、塾長として地域プロデューサーの育成に尽力している。

「滋賀らしい大学にしてください」。かつて滋賀県立大学ができて、初代学長になったとき、みんなからそう言われた。

みんなの気持ちはよくわかる。もちろんぼくもそう思っていた。

でも、「滋賀らしい」「淡海らしい」ってどういうことなんだ？　それがわからない。

学長時代の6年間、ずっとそのことを考え続けていた。そして学長を終えた今も考えている。

今から40年ぐらい前までは、「動物たちは自分の種族の繁栄と維持のために生きている」と思われていた。1匹1匹の動物たちは、元気で生き、元気な子孫を残そうとして、一生懸命努力している。それは自分自身のためではなく、種族のためなのだ。

そのころ、世の中の人々は、みんなそう思っていた。

人間だって同じだろう。自分個人のためではなく、人類の平和と繁栄のために生きるべきなのだ。大切なのは個人でなく、人類という種族なのだ。そんなふうに考えられていた。

けれど、動物行動学の研究によって、この考えはまったく間違っていたことが明らかになった。

動物たちは、みなそれぞれが自分のために生きている。自分の楽しみのために生きている。残したいのは自分の子孫で、種族の子孫ではない。みんなが自分自身の子を残し、丈夫に育てあげていけば、結果として種族の子も残り、種族は繁栄を続けていくのだ。

考えてみれば、まったく当たり前のようなことである。今はみんなこう考えている。もちろん人間だって同じだ。

「滋賀らしい」とか「滋賀の」とか、無理して考えることはない。

みんな滋賀県の市民なのだから、その人たち一人ひとりが、それぞれ楽しく元気に活躍していけば、滋賀は楽しく元気になる。気楽に元気で、いろんなことをやっていきましょう！

まえがき

淡海ネットワークセンター事務局長　浅野 令子

淡海ネットワークセンター（財団法人淡海文化振興財団）は、１９９７年４月に滋賀県における市民活動・ＮＰＯ支援センターとして設立されました。設立10周年を記念して、滋賀県の市民活動を一般の人々にも広く知っていただきたいと考え、『滋賀の市民社会のカタチ　気楽に元気で』を発刊する運びとなりました。多くの方々のご協力の賜物と、深く感謝しております。

単なる報告書ではなく、読み物として魅力的で活力のある滋賀の市民社会を展望できるものにすることが、発刊当初の目的でした。「これからの滋賀は、もっとおもしろくなる」と、若い人が希望を持って市民活動に入るきっかけづくりとなって欲しいという思いが企画を練るにあたって一貫してありました。企画・編集にあたっては、当財団の第6期の運営会議で検討を重ね、谷口浩司運営会議座長に監修をお願いし、若い人

浅野令子（あさのれいこ）
淡海ネットワークセンター事務局長。シアトルをベースに日米文化・教育交流事業に従事。帰国後、大阪大学を中心にＮＰＯの研究と実践活動を開始し、京都でＮＰＯの事務局長として地域情報化、地域活性化に取り組む。２００６年４月から、民間登用の事務局長として現職。

の感性を大切にしたいとの思いから、20代の運営会議委員である遠藤亮平さんと濵川めぐみさんにも編集会議に加わってもらい、積極的にご発言いただきました。

本書は、形式上は2部構成ですが、内容的にはおおまかに3部構成となっており、最初に「ひと」「環境」「まちづくり」の3つの分野に分けて、県内で活動する団体の「人」の紹介や各分野における市民活動の社会的意義の解説を入れ、それに続く座談会『若い世代が描く10年後の市民活動の姿とは？』では、明日をになう若い人たちに、市民活動を通じて実現したい滋賀の未来を語っていただきました。最後に、淡海ネットワークセンターの経緯がわかる寄稿文と資料を載せています。滋賀県で特色のある団体で活動する人に焦点を当て、活動の入り口や転換期に際し、当事者でしか書けないその時の思いや背景を語ってもらった結果、総和として「滋賀らしさ」を現している内容になったのではないかと思っています。

今回の出版にあたっては、実に30名以上の方々に執筆や座談会で参加していただきました。短期間の執筆依頼にも関わらず、労を惜しまず脱稿していただいた執筆者の皆様にはお礼の言葉もありません。また、編集過程を最後まで根気よく伴走していただいたサンライズ出版代表取締役の岩根順子さんにも厚く感謝申し上げます。

本書を読んだことをきっかけに、少しでも多くの方々に滋賀県での市民活動の厚みと広がりを感じていただき、市民活動への共感と希望を持ってもらえれば、企画・編集に当たった者としてこれほどの喜びはありません。

２００８年３月

第1部

市民社会をかたちづくる人々

- 風の人 土の人 火の人 水の人
  - あふれる豊かな愛と支える小さな力
  - 自らの手で琵琶湖を守る喜び
  - ここが好き。だから知りたい、大切にしたい、伝えたい
- 座談会「若い世代が描く10年後の市民活動の姿とは？」
- 自立と協働―地域再生と新しい市民生活のかたち―

風の人 土の人 火の人 水の人

あふれる豊かな愛と支える小さな力

地域で暮らす、地域が育てる

近江は、シームレスな人と人とのクロスオーバーのモデル地域である

滋賀県職員　北川　憲司

北川憲司（きたがわけんじ）

滋賀県職員。健康福祉行政に携わる中で、介護保険からはじまる地域ケアなど、安心できる暮らしづくりを、市民、市町、意欲ある事業者と連携して推し進めている。また、滋賀地方自治研究センターの政策づくりに関わり、福祉や環境、まちづくりなどの調査研究講演活動も行っている。

近江の地を地政学、民俗学の視点で考えてみたくなった。

椀を木から切り出す技術が、アイヌの丸木船の切り出しと同じ技術という、おそらく縄文時代から続くであろう木地師の文化、その「筒《つつ》井《い》千軒《せんげん》」「小《こ》椋《せち》千軒《せんげん》」などの集落が、５〜600メートルの高度にあったと考えられる中で、「人はそこでどのように暮らし生きたか」を思うと、「海彦」「山彦」の言葉が思い出される。縄文から弥生の豊かさの中心は山と湖ではなかったかと私は考えている。

焼き畑をし、山の幸、川の幸を取りながら、高度な技術を持った職人集団が豊かに暮らす。おそらく、今の地域イメージと相当違ったものではなかったかと考えてしまう。

一方、近江は百済の人〝鬼室《きしつ》集斯《しゅうし》〟をはじめ渡来の民の血が色濃く、遠く異国の地でアンテナ感度を磨きながら、谷地田開発を行っていたのではと、小野《この》神社にある墓や石塔寺の石塔を見ながら想像してしまう。

また時代が下り、戦国時代には、都に近く、しかし都からの適当な距離に位置し、武将が都へ上る街道筋で、その激動を見つめながら生きる技とアンテナ感度を、より一層磨いていったのではないか。

また近江の米作りは、水が豊富で生産力が高く、それを背景として平時は農民、いざという時には、郷士として戦うため、立て籠もる砦の数は全国一であり、それぞれの砦が狼煙などで連絡を取り合う中、「惣村《そうそん》の惣掟《そうおきて》」、今で言う自治の原型、「まちづくり協議会の素型」が生み出されたのではないか。

そして情報感度の高いネットワーク、フットワーク型人材である、甲賀忍者や「諸国産物回し」という近江商人の風土を生み出していったのではないか。

その近江の風土から我々は、敵を作らない、ウインウインの関係を先取りした、近江商人の売り手よし、買い手よし、世間よしの「三方よし」から、一歩進めて、「全国情報回し」という、近江市民の視点、受け手よし、送り手よし、社会よし、そして子孫よしの「四方よし」へとシフトしつつあるように思う。

一方近江は、地勢的には、琵琶湖を中心とした適度な大きさと、周辺を山に囲まれたまとまりの良い小宇宙があり、人間生活による汚染の結果が琵琶湖の汚染として、県民に具体的に見え、また、人の動きも見え、把握できる適度な大きさでもある。

そして京阪神の大都市周辺であるにもかかわらず、成熟するのに必要な時間、適当な距離があり、里山や農村の自然がかなり残り、かつ地価が比較的安価なために、新興住宅や工場、大学の立地が盛んである。

　その結果、都会からの若い住民や事業所の管理者、技術者層の流入が大きく、環境保全活動、ボランティア活動、地域ケア活動、生活支援活動、文化市民活動、生協活動、図書館活動などが活発である。

　また、昔から住む地元の人間の生活スタイルが、近代化の中で、崩れてきてはいるというものの、自然とうまく折合をつけた農村の生き方としてかなり残っているということがある。同時に、これらの地元民は物質的には豊かでもある。

　これらを背景として、市民運動も、行政をも、取り込む力量を早くから持ち、反対型から提案型への転換が早く、活発であったということがある。また、行政マンも、二足のわらじを履くというスタイルでＮＰＯ活動に参加しており、それが市民との壁を低くしている。

　それら運動や、循環型社会を目指す、里山再生運動（運動の中でこのように言われた。子供の前で里山保全の技と能力を発揮する高齢者の姿を見て、「これは青空デイサービスではないか。子育て支援、環境教育ではないか。」!!）、市民協働発電所運動（グループホームの屋根に市民協働太陽光発電所を!!）の中から、生活支援の運動にリンクした環境運動が生まれてきている。

　一方、障碍者生活支援の世界でいうと、障碍のある人もない人も「水平の関係」、「賢愚和楽、自然随順、物心自律、後継養成」という世界観まで到達した、戦後の日本の障碍者運動をリードした近江学園の糸賀一雄氏や田村一二氏、池田太郎氏などの逸材が出、障碍者支援の先進地としても位置付けられる。その精神を引き継ぐ人材も排出し、地域で普通の暮らしと普通の働きを目指した、次の新しい動きも育ってきている。

　それらの人材や、「抱きしめてＢＩＷＡＫ

O[※注]」に参加し、自分たちの老後は自分たちで作ると立ち上がった人々が、介護保険を契機に、高齢者生活支援の世界にも踏み込んでいった。そのキーワードは、「介護保険は市民活動のエンジン」「高齢者をお客様にしない」「豊かな人生の先達の役割存在の再確認と支援」「認知症の人が堂々と歩ける町」「退職サラリーマンの地域デビューで地域を支える」である。

なおかつ、発想の転換を推し進め、子育て、障碍者支援はもとより、里山再生やエネルギーの地域循環など環境問題の世界や外国人支援、まちづくりの世界とのクロスオーバーにまで至る。

そしてこれら、新旧クロス、多分野クロス、人の縁結び、多様な主体の連携、時代の困難な課題に対する人材の糾合を目指して、環境問題、新エネルギー問題、高齢者問題、子育て問題、障碍者問題などの運動に参加した市民が、それぞれの交流の中から新たなステージに向けて、市民運動をリードして今日まできているのが近江の特徴であり、分野を飛び越える柔軟さと仲の良さで、あたかも風通しの良い農村、新たな惣村運動の開始を彷彿とさせる。

それ故に、この国の中に占める近江の持つ時間軸と空間軸での位置、そこから生まれる地域力の可能性を我々はしっかりと確認すべきであろう。

また、責任感、歴史意識の自覚、井の中の蛙意識からの脱却も問われることになる。

※　抱きしめてBIWAKO
1987年11月8日、二十数万人が手をつないで、周囲235キロメートルもあるわが国最大の湖・琵琶湖を取り巻いた大イベント。重症心身障がい児施設の移転新築費用の一部を集めようと民間有志がボランティアとともに企画・運営。「障がい児のいのちと琵琶湖のいのちをともに抱きしめよう」とのアピールが共感を呼び、多くの参加者が全国から集まった。

気がつけば木に登って空を

特定非営利活動法人
ＮＰＯ子どもネットワークセンター天気村
山田貴子

特定非営利活動法人
ＮＰＯ子どもネットワークセンター天気村

所在地／草津市
代表理事／山田貴子
活　動／１９８７年から活動を始め、１９９９年４月に法人設立。社会の後継者を育むひとづくりと地域の文化性を生かしたまちづくりを目的に、自然体験や地域交流などを重視した「こんぺいとう自然保育園」の運営等、子育ち支援事業を行っている。

気がつけば木に登って空を見上げていた。

「外で遊びきる」毎日。私の子ども時代を振り返ると、「鮮烈な記憶」を刻む体験がいっぱいで身体の中心に宿る「実感」という重い核が未だに「生きる」エネルギーの発生源となって燃え続けている気がする。

１９７０年代後半から、子どもたちが起こす事件が多発。世紀末を迎え、子どもに異常が起きていると社会が慌てだしたころ、はっきり言って「子どもはいつの時代も変わらない。変えてしまうのは大人ではないのか！」という憤りと、「世紀を超えてこれから出会うであろうたくさんの子どもたちが、私には時代を生きている同志なんだ！」という感覚が身体によぎったのを忘れることができない。

大人になって実感する一生のエネルギー源としての宝物を子どもに贈りたい。時代に合った仕掛けを考え、「いつの時代にも変わらない子ども達による〝子ども時代〟を贈ることが大人としての使命ではないか！　この使命を実現できる場がないのなら自分で仕事を創造しよう！　自分が本当にやりたいことを仕事としてやっていきたい！」そんな強い使命感が爆発。お金のことも考えずオリジナルな拠点をつくろうと、ドカンと形にしたのが「天気村」だった。

今から思えば時代が生んだ自然発生的な誕生だったのだ。そして、この自然発生は湖国滋賀という場所も運命的に選んだのかもしれない。子どもたちの悲しみ、苦しみ、嬉しさ、楽しさなどいろんな気持ちをしっかり受け止め、次の一歩を踏み出す勇気を与えてくれる自然。滋賀には子どもたちの身近にそんな自然がいっぱいだからだ。淡海《おうみ》っこたちは、山、里、森、川、湖とつながる滋賀の豊かなフィールドを味わいながら自然のインパクトを全身で受け止め、確かに何かを極めている。

NPO子どもネットワークセンター天気村のコアエンジン事業として野外体験活動がある。季節、天候、子どもの人数、子どもの状態、スタッフの体調などすべての情報を毎日、毎朝、五感をビンビン働かせ全身でキャッチする。ギリギリまでアンテナを張って、意識を集中させる。移り変わる「現場」と「緊張感」。これがあってこそ私の身体の中のエネルギーが燃焼されていく。現場の試行錯誤の中で直観力を磨き、創造するので「丈夫な頭と賢い身体」がつくりあげられていく。私にとってリスクを避けようと思うことの方がリスクなので、アレコレ迷うよりも「まず行動」。さらに淡海《おうみ》っこは全天候外遊び。雨の日は雨の中へ、晴れの日は晴れの中へ。雨ニであい、風ニであい、雲ニモ、雷ニモであう。まさにお天気次第の柔軟性。ときに「変わること」＝「不安定」という意味でとらわれがちではあるが、それはたとえ困難なことにぶち当たろうと、問題視せず逆にヒントとして創造し、ステップアップしていくという変幻自在の力強いフットワークがあるということ。常に状況と呼吸し、ニーズをつかんで変化していく強みでもある。ピンチをチャンスにとらえることで、つらさをおもしろさにどんどん変えていく子どもたち。これは遊びの中で見せてくれる本能に近いのかもしれない。大人はそんな型にとらわれない豊かな声や表情に学ぶ姿勢を忘れてはいけないと思う。

人生を凝縮したような攻めの人生だから、思いもよらない感動もたくさんあった。でも、それはひとりひとりの個性と一緒で、これ

ワクワク魂は世紀を超える

が一番と比べられるものでもない。確かに言えることは「そこに子どもたちの笑顔がある感動」は「いつまでも色あせない」ということだ。感情豊かで正直で素直で、何にでも自然に熱中して体当たりする子どもたち。一緒にいると刺激されて、変わって、成長できる。その時、心が動く。感じる。そして共感する。

社会の現場と呼吸しているNPO。毎日、毎日、いろんな出来事が発生する。でも、どんな事態も私にとってはその奥に大いなる変化の可能性や教訓が秘められていると直感する。そしてまた、走りながら考える。瞬間に判断し創造をはじめる。私のこの瞬間的創造力は子どもたちが鍛えてくれた。

「大変だ！」は、その時大きく変われということ。

「感動」は、感じて動けということ。

その先には必ず「未来を拓く創造」がある。

淡海ネットワークセンターとは、いないいないばあの関係。太い信頼があるので、顔が見えないときも耐えていけるし、顔が見えたらまた元気になれる。本当に素の関係でいい。あまり深刻になって計算してしまうと飛べません。シンプルに。ピュアに。

トピックス

子どもたちへの温かな眼差しに導かれて

滋賀県立陶芸の森　主任学芸員
三浦　弘子

美術館が学校の授業に関わっているところは、全国的にみても極めて少ない。学芸員といえば３人で、教育普及専門のスタッフがいるわけでもない当館が、公立美術館の教育普及事業を超える数多くの子どもたちにやきものの素晴らしさを広めることができるのも、「子どもの美術教育をサポートする会」との連携があったからである。そんなパイオニア的な活動が、点から線につながっていったのは、学校や美術館の間をとりもった津屋結唱子氏をはじめとするメンバーたちの根気強い取り組みと、子どもを見つめる穏やかな眼差しがあったことによる。

「子どもの美術教育をサポートする会」が私たちの美術館とともに連携授業を進め始めた頃、まだ充分なプログラムを持たず、試行錯誤の時期が続いていた。そんな中、授業後に開かれる反省会では、津屋さんをはじめスタッフの方々の、子どもたちに対する観察眼にいつも驚かされていた。粘土を触った時、作っている時などの子どもたちの表情や変化を、「子どもの美術教育をサポートする会」のメンバーが、先生方につぶさに報告していた。その言葉には、スタッフの子どもたちへのやわらかな接し方や、親としての目線、また授業の組み立てに配慮するなど、教育者としての鋭さも覗いていたと記憶している。最初はおそるおそる粘土に触れていた子どもたちが、やがて〝楽しい〟と言いながら没頭していった様子など、担任の先生方はこのようなスタッフの言葉に、子どもたちに向けられた温かな眼差しを感じられたにちがいない。このようなスタッフたちのスキルの高さが、学校の先生方からの信頼へとつながっていった。そして、メンバーが学校のニーズと美術館の可能性をつなぎ合わせコーディネートすることにより、ひとつひとつ連携授業を取り入れてくださる学校が増えていった。いずれのスタッフたちも、子どもたちの作品を否定的に見ることなく、自ら授業を楽しみながら迷う子どもたちに話しかけ、子どもたちに寄り添うように子どもたちの制作をサポートした。それは近年では、大学生たちにも引き継がれており、彼らは子どもたちの動きを見ながら、真摯に子どもたちと向き合っている。

当館では、これまでの実績から、世界にひとつの宝物づくり事業という滋賀県の戦略事業が昨年度から始まり、これまでの子どもやきもの交流事業への参加者を合わせて、年間約4～5千人もの子どもたちが、やきものの素晴らしさに出会っている。「子どもの美術教育をサポートする会」が教えてくれた子どもたちへの眼差しをいつまでも忘れることなく、やきものという滋賀の魅力を伝えていきたい。

滋賀県立陶芸の森

所在地／甲賀市

活　動／やきものを素材に創造、研修、展示など多様な機能を持つ施設として1990年6月開設。子どもたちが「やきもの」の魅力と出合えるように陶芸作家や学芸員が学校へ直接出向いて行う体験学習プログラムや、学校の校外学習のための来園プログラムを実施している。

子どもの美術教育をサポートする会

所在地／大津市

代　表／津屋結唱子

活　動／2000年1月設立。全ての子どもたちに本物の文化芸術に触れる機会を与え、豊かな心を育てることを目的に、県内の学校および美術館・博物館と連携して、本物の作品や焼き物素材・土を使った美術教育プログラムの提供を行っている。

多文化共生社会の実現に向けて

近江八幡市外国人窓口相談員
前田　オルガ　豊子

前田オルガ豊子（まえだおるがとよこ）
近江八幡市外国人窓口相談員。15年前にルーツである日本に来て、結婚。現在、近江八幡市の嘱託職員として外国人窓口相談員をするほか、外国籍住民を支援する様々な活動に取り組んでいる。淡海ネットワークセンター第5期運営会議委員。

私は、平成5年（1993）1月に「自分のルーツである日本を知りたい」と期待を胸に来日した。私の両親は子どもの頃に日本からブラジルへ移民したため、我が家の会話は日本語で、食事も日本食。日本の子どもと同じように育てられてきた。親が日本から取り寄せていた日本語の本やレコードに、弟や妹たちと夢中になり、成長していく中で日本に対して強い興味を抱いていった。

ブラジルで教師をしていた私は、1年間の休暇を取ってアルバイトをしながら日本各地を旅行する予定で来日し、近江八幡市内の製造会社に住み込みで働くことにした。そこでまず大きなショックを受けたのは、「外人さん来たし、使ったってや」と紹介された時だ。日本に憧れて、日本語がある程度聞き取れた私にはとても悲しい言葉だった。日本にルーツがある自分も〝外人〟であり、単なる労働力でしかない。日本人とは明らかに異なる待遇だと感じた。

その翌年、日本人男性と結婚し、ポルトガル語の学校巡回指導員をしていた頃、㈶近江八幡市国際協会から、「日本語交流教室※1を始めたいので、ブラジルの人を集めてくれませんか」と声がかかった。この立ち上げの際にコーディネーターとして関わったことなどがきっかけとなり、翌年度に市の外国人窓口相談員（嘱託職員）として採用された。

寄せられた相談の最も深刻なものの一つは、〝日本語の授業についていけない〟〝不登校・不就学〟といった外国籍の子どもたちを取り巻く課題だった。そこで、その解決策の一つとして市職員、学校関係者、市民ボランティアと一緒に、子どもたちの日本語指導や教科学習支援を目的とした「ラテンアメリカ子どもクラブ（現ワールドアミーゴクラブ※2）」を立ち上げた。当初、この取り組みは夏休み期間だけの活動であったが、現在は毎週土曜日に開催し、子どもたちの居場所づくりとしても、その活動は一層活発化している。そのほか、私の居住学区にあるまちづくり協議会での、外国人住民が地域で活動できる拠点づくりや、

「近江八幡多文化共生市民ネットワーク[※3]」の立ち上げにも関わった。

　このような取り組みが実現できた要因の一つとして、市職員の意識が高かったことが考えられる。主に相談を通してみえた課題への取り組みについての私からの提案も親身に受け止め、一緒になって考えたり動いたりしてくれた。そして行政用語などに不慣れな私をサポートしてくれた。もう一つの大きな要因は、人と人との「ご縁」だ。長年お世話になっているドクターから「外国にルーツを持つ人たちと居場所をつくれば心強い」と励まされて勇気を与えられたこともある。これまでの様々な出会いとサポートのおかげで、今の私がある。「ご縁」を大切にすれば何でもできると感じている。

　しかし、日本に長く暮らす中で、未だに苦労する点は、〝日本人は異質なものを受け入れるのにとても時間がかかる〟ということだ。今でも本名を名乗らずに暮らしている外国籍の人は多い。私は以前、ある人から「オルガはそのままでいいんだ。ブラジルにルーツがあってそれでいいんだ」と言われたことがある。そのままの自分を認めてくれる人がいる。これは当たり前のことかもしれないが、どこの国で生活しようとも、自分のルーツを認めることが、自分自身を見失わない、つまり自分らしく生きるためにはとても大切なことだと思う。

　私の育ったブラジルは多民族・多文化国家で、様々な人がそれぞれの文化を守り、尊重しながら仲良く暮らしている。その経験からも、日本での私の夢は、国籍に関係なく自分のルーツに誇りを持ち、いきいきと暮らせる社会を未来ある子どもたちに残していくことである。そのためには、多文化共生による誰もが暮らしやすい豊かなまちづくりを進めていくことが必要であると感じている。

　私は、日本とブラジルのダブルなアイデンティティを持っている。この大きな長所を活かして、多文化共生社会の実現という大きな夢に向かってまだまだ頑張っていきたい。そしてその夢はきっと叶うと信じている。

（注）この文章は、淡海ネットワークセンターが前田オルガ豊子さんからお聴きした内容をまとめたものです。

※1　日本語交流教室「たんぽぽ」
日本語を母語としない人を対象（大人）に、日常会話を中心とした日本語教室と交流会やイベントを開催し、日常生活支援を行っている。㈶近江八幡市国際協会主催。

※2　ワールドアミーゴクラブ
外国にルーツをもつ児童・生徒を対象に、日本語指導や教科学習支援、レクレーションなど多様な文化交流活動を通して子どもたちの居場所づくりを行っている。

※3　近江八幡多文化共生市民ネットワーク
2003年に近江八幡外国籍市民ネットワークとして設立され、外国籍市民と日本国籍市民がお互いの文化、言葉の違いを尊重し、会員同士や市民との相互理解を深め、友好関係を促進するとともに、すべての市民の人権が尊重される多文化共生社会の実現を目指して、学習会や交流会などを行っている。

豊かな心が明日を創る

特定非営利活動法人　絵本による街づくりの会
平松　成美

特定非営利活動法人　絵本による街づくりの会

所在地／高島市
理事長／平松成美
活　動／2004年10月に法人設立。子どもの笑顔があふれる豊かな心を育む街づくりを目的に、こども自然体験遊び塾、絵本原画展、絵本作家による講演会、絵本講座等の活動を行っている。活動拠点となる「絵本美術館」の開館を目指している。

平成13年（2001）10月、旧新旭町で開催された里山ジャンボリー。これに参加したことが私の人生を大きく変えた。「自然の絵本のまちづくり」をテーマに、ホストの今森光彦さんとゲストの今江祥智さんが、自分の十八番《おはこ》の絵本を軽快なテンポで次々に紹介。たった2時間ですっかり絵本のとりこになった。その時の感動と自宅で絵本屋をしたいという思いを今江さんへの手紙にしたためた。一週間もたたぬうちに今江さんからの丁寧な返事が届く。この今江さんからの手紙に背中を後押しされて、その年の12月には自宅で絵本専門店をオープンした。たくさんの絵本を読めば読むほど、絵本の奥深さに魅了されていく。

絵本とのひとときは、とがった気持ちをまるく、心を穏やかに気持ちをやさしくしてくれる。悲しい時にはやさしく寄り添い、落ち込んだ時には生きる勇気を与えてくれる。絵本は赤ちゃんだけのものではない。年齢性別に関係なく、老若男女すべての人が、自分のペース（時間の流れ）で楽しむことができるのが〝絵本〟なのだということに気付いた。

そんな絵本の魅力を一人でも多くの人に知ってもらいたいという思いから、お店・湖岸・お寺の境内等でおはなし会を始めた。おはなし会をしているうちに、自然発生的におはなしボランティア「赤いエプロン」（お話の種まき隊）が誕生。学校や保育園、高齢者のデイサービス等でおはなしボランティアとして絵本や紙芝居を読む機会が増えていった。

平成16年（２００４）10月、この活動メンバーが中心となってＮＰＯ法人を設立。親子間の殺人、児童虐待など日々頻発している心痛む事件の多さ。メディアから流れるニュースを見聞きして嘆き悲しみ世を憂えるだけでは何も変わらない。次代を担うこども達を育てていく責任を負う大人一人ひとりが、自分にできることで一歩踏み出す（社会にかかわる）。そうすることが現状を良い方向に変えていくのではないか。私たちには〝絵本〟がある。絵本と過ごす幸せな時間を、赤ちゃんの時から親子で共有すれば、人間として生きていく上で一番大切な「人や自分を愛する気持ち」「感性や想像（創造）力」「豊かな心」を育むことができるのでは…そんな思いを実現するために絵本を入り口にした様々な活動に取り組み始めた。湖西の豊かな自然に囲まれた環境を活かしての〝こども自然体験遊び塾〟、こどもが初めて出会う芸術である〝絵本〟の原画展、絵本作家を迎えての講演会、絵本講座、地域に伝わる昔話を伝える活動、会報「絵本の時間」の発行等々。

平成19年（２００７）には、淡海ネットワークセンターの助成をいただき、10回の連続講座「大人のための絵本学講座」を開講。講座終了後のオプション企画として「若州一滴文庫へ行こう！」を実施。高島市内はもとより県内・県外から延べ約３８０名の方々に参加していただいた。10月には、絵本原画展「ほのおのとり」がきっかけで交流の始まったミンダナオ子ども図書館の奨学生６名を招き、ミンダナオで古くから伝えられている民族楽器クリンタンの演奏による交流会を開催し、４００名以上の方々に来場していただいた。いずれも行政との共催事業として実施したので、今まで以上に行政側の理解と協力があり、当会の活動をより広く知っていただく機会となった。

10月中旬、高島市立資料館・図書館合同企画により開催される「灰谷健次郎の足跡」展への共催依頼が舞い込んだ。今までは、当会が企画した事業への協力を行政

絵本原画展会場でのおはなし会

にお願いしている立場であっただけに、日頃の地道な活動が認められ、「絵本や読書のことならNPOに」と認知されてきたことを嬉しく思う。

　事業を計画・実施するにあたっては、定例会で喧々諤々の議論が交わされる。NPOの会員になった思いは様々。個々の思いを尊重しつつ、一つの目標に向かって活動していくには、個々のメンバーの心の襞を読み取り、どんなことも大きな気持ちで受けとめることのできる度量が必要となる。落ち込む時もある。が、参加してくださる方に満足していただけるものを届けたいという共通の思いをもって、厳しい意見を交わしながらも活動できる仲間、無事にやり終えたことを喜び合うことのできる仲間がいる。絵本を通して出会ったたくさんの人たち。それが私の宝物。だからこそ続けていくことができる。

　〝絵本〟に〝街づくりの夢〟を託して、仲間と共に楽しみながら活動を続けていきたい。

トピックス

ほしいものを自分たちで創る

特定非営利活動法人　びぃめ～る企画室
小川　泰江

　そもそものきっかけは、11年前。他府県から知り合いも誰もいない滋賀県にやってきて、あまりの生活情報の少なさに、当時1歳と3歳の子どもを抱えて途方にくれたことだ。「無いのなら自分たちで作ってしまえ」と、当時所属していたインターネット・ママサークルで呼びかけて気軽なノリではじめたのが「びぃめ～る」だ。メンバーは元プログラマ、グラフィックデザイナーなど、能力もやる気も持ちながら、結婚や子育てでキャリアを中断し、「子どもが小さくても何かやりたい」という思いを持った女性たち。といっても、情報紙に関しては全くの素人。お金も専門知識も母体もない、まさにゼロからのスタートだった。

　ああでもないこうでもないと

特定非営利活動法人
びぃめ～る企画室

所在地／栗東市
理事長／小川泰江
活　動／１９９７年から活動をはじめ、２００２年10月に法人設立。滋賀県に住む女性が自分らしく一歩を踏み出すための情報提供を目的に、フリーペーパーをはじめ様々な媒体による情報発信のほか、フリーマーケットやセミナー等のイベント開催、コミュニティカフェの事業にも取り組んでいる。

試行錯誤の企画会議、子どもを背負いながらの取材や印刷作業、慣れない設置や広告の飛び込み営業。一から創っていくことの、想像を絶する大変さと、それを上回る達成感。そして発行後、続々と届く様々な反響。主婦業をやっているだけでは決して得られない、充実感と評価だった。性懲りも無く活動を続けて来れたのは、この時の気持ちが、それぞれの中で大切な宝物として依然として輝いているからだと思う。

以来10年。様々なことに取り組んで来たが、大きな転機となったのが3年前にスタートした栗東駅前のコミュニティカフェの運営だ。これまで県下全域で「広く浅く」事業をしていたものが、「狭く深く」まちづくりに直結した活動へと幅を広げることになった。また、カフェという実際の場を持つことで、様々な人やモノが集まってくるようになり、「コミュニティビジネス」のあらたな可能性も生まれて来た。

自分たちが「やりたい」と思うことを続けてここまで来たが、これからどこまで行けるのか。他のどこにもない、びぃめ～るでしか行けないところまで、ゆっくりでも、止まりながらでも、歩いて行けたらと思う。

びぃめ～る紙面

コミュニティカフェ

いつまでも我が街で暮らし続けるために

～市民・専門家・行政の協働で支える福祉先進県　しが～

株式会社なんてん共働サービス
溝口　弘

溝口　弘（みぞぐちひろし）
株式会社なんてん共働サービス代表取締役。１９７１年から田村一二氏に師事。その後、県内の知的障碍者施設で働く。１９８１年に知的障碍者の人たちと共に「なんてん共働サービス」を設立。宅老所やグループホーム、移動支援や環境保全など、湖南市内のＮＰＯ活動にも携わっている。

地域福祉には 欠かせない市民の小さな力

昼間は近くの会社で働く（知的障がいのある）Ｋ君の、さる休みの日の情景である。この日は彼が住むグループホームの草刈りが行われていた。早めに切り上げたのか、そもそも最初からヤル気がなかったのか、隣に住むおっちゃんの所でさぼっていたところを私がパチリと収めたものである。

そんないきさつはさておき、3人の笑顔がなかなかのすぐれものである。こんなに開放的で楽しそうな様子は、会社やホームではめったにお目にかかれない。やれ就労支援、やれ生活支援と、常に専門家といわれる他人の関与があって、日常はなかなか自分の意のままにはならない。

ところがK君にこの笑顔を提供しているのは、普通のおっちゃんたちである。おっちゃんたちはもちろん自分が市民活動をしているとも、ましてや地域福祉の専門家なんては思っていない。ただ自然に、K君の提供する話題を丸ごと受入れ、はずむ話に付き合っているだけである。

「わっはっは！」　K君とおっちゃんたち

そしてK君はそんなおっちゃんたちに心を許し、〝安心・納得・充実〟の解放感に浸っているのである。自分のすべてを認め、同じ人として水平に向き合ってくれる、そんなおっちゃんたちとの関係が楽しくて仕方ないのである。

障がいのある人やおとしよりの地域生活支援にはもちろん専門家の力も大事だが、こんな豊かな情景を拡めていくには、普通の市民の小さな働きも欠かせない。

障がいのある人は援助を受けるだけの存在ではない

さてこの写真は、もう一つのことを物語っている。おっちゃんたちも彼以上の笑顔であるということである。K君に笑顔を提供していたおっちゃんたちだが、同時に自分たちもK君から笑顔の提供を受けていたのである。わっはっはっ！　と声まで聞こえてきそうな笑顔、K君の提供した話題がよほどおもしろかったのであろう。

　これまでは障がいのある人というと、ほとんど支援を受けるだけの存在でしかなかったが、地域で働き暮らし始める中で、今度はこのようにまわりの人たちに〝幸せ〟や〝気づき〟を提供するようになってきた。これも広い意味では、目には見えないが、立派な市民活動と位置づけることができる。

多様な市民活動で幅広い参加を進めよう

　このK君の住むグループホームなどの運営を、市民の立場から支援しようとして始まった私たちのネットワークの活動は、昭和58年（1983）から始まった。運営全般を担う者、資金調達に走る者、事務局を担う者、泊まりに協力する者、イベントに参加する者…それぞれのできる範囲での無理のない活動が長続きにつながった。

　また忘れてはならないのが、写真のような近隣の人たちの応援である。障がいのある人たちの外出に付き合ってくれる人、買い物のレジで困っている時に手を貸してくれる人、帰り道が分からなくなって途方にくれている時にやさしく声をかけてくれる人、そしてそんな直接の応援はできなくても「がんばってや」と励ましの気持ちを届けてくれる多くの人たちのおかげでグループホームでの生活が続けられている。

　これまでの市民活動は「金・汗・知恵」を元にした直接的な活動が中心であったが、これからはそんな「気持ちの応援」などの間接的な活動も評価されていく必要があると思われる。

　忙しくて直接の活動には参加できないおとうさんや、何かの活動をしたいがなかなか勇気やきっかけがない若者たちの車に「市民活動：私も応援しています！　あなたの暮らし！」シールなんかが貼られていてもおもしろいのではないか。

環境滋賀への思い

～菜の花プロジェクトからびわ湖を守る流域保全活動へ～

東近江市職員　奥村　清和

奥村清和（おくむらきよかず）

東近江市職員。滋賀地方自治研究センター事務局長。環境行政に携わる中で、「資源ゴミのリサイクルシステム」づくりや、「あいとう菜の花プロジェクト」に深く関わってきた。地元のまちづくり活動にも参加している。

昭和52年（1977）5月27日、琵琶湖で大規模な赤潮が発生した。それを機に、県民総ぐるみの「せっけん運動」へと拡大し、昭和54年（1979）には「滋賀県琵琶湖の富栄養化の防止に関する条例」（通称「琵琶湖条例」）が制定された。そして、「せっけん運動」と並行して、家庭から出る廃食油を回収して、せっけんへとリサイクルする運動が始まり、県内に広がった。

昭和56年（1981）、旧愛東町（現東近江市）では、消費生活学習グループが「近くの川も琵琶湖に通じているので」とせっけん運動に呼応して、町内全域での廃食油の回収を始めた。琵琶湖周辺から離れたこの地域で始まった『琵琶湖への思いやり』の取組は、少しずつ広まっていった。

昭和60年（１９８５）に、当時、愛東町役場のゴミ担当だった私は、「もっとゴミの量を減らすことはできないか」「ただゴミを集めて処理するだけでよいのか、もったいないし」といった地域の問題を解決するため、消費生活学習グループと幾度となく話し合いを行って「あいとうリサイクルシステム」づくりがスタートした。ただ単に、資源になるものを回収するのではなく、住民自らが行うシステムを目指して、グループメンバーと行政担当職員、町内若者有志「愛援隊（坂本龍馬が大好きなグループ）」のメンバー総勢40名が、地区内23自治会で回収された資源ごみの引取りを行い、昭和61年（１９８６）には、住民自らが分別、収集、運搬を行う「あいとうリサイクル」が確立された。

現在では、平成17年（２００５）に竣工した「あいとうエコプラザ菜の花館」に各家庭で分別された、缶類、ビン類、廃乾電池、牛乳パック、ペットボトル、廃食油、食品トレイの合計7品目、11種類が、住民により軽トラック等で直接持ち込まれている。

平成6年（１９９４）の秋、町職員の労働組合が更なる地球環境保全を視野に入れた施策を町へ提言するために、自治労本部が提唱する環境パイロット自治体事業に取り組むことになり、その検討会議で、滋賀県環境生活協同組合の藤井絢子理事長から「廃食油からディーゼル燃料にしては」と提案されたのがきっかけで、平成8年（１９９６）3月末に廃食油燃料化プラントを整備した。廃食油燃料化を始めて3年目に藤井理事長から「ドイツのように菜の花で車を走らせよう」と新たな提案を受け、菜の花プロジェクトをまとめた。1年目に30アールを作付け、子どもたちの環境学習の場として、植付け、刈取り、搾油体験を行い、その油から燃料化する「小さな実験」も行った。

そして、平成11年（１９９９）5月に「アースディしが」を開催し、出席されていた当時の知事がそのことに共感され、同年「なたね栽培実験事業」が県下で始まった。農地を活用しての資源循環型社会の地域モデルである「あいとう菜の花プロジェクト」がこうしてスタートした。

自治会からストックヤードに運び込まれるゴミ

この取組が急激なスピードで全国に広がっていったのは、具体的で分かりやすい地域モデルで、それぞれの地域の課題、風土などを踏まえ、人々の夢を加味して、さらに厚みのある取組みを進めることのできる「柔軟性」があるためである。

資源循環型社会の地域モデルとして始まったこのプロジェクトの更なる展開として、滋賀地方自治研究センターでは、平成19年（２００７）から、新たな活動として山から湖へとつながるこの東近江を舞台に「びわ湖プロジェクト」と題し、各地区のＮＰＯ、団体等が互いに連携し、河川流域を意識しての総合的な環境保全施策の検討を始めている。

美しい滋賀を未来の子どもたちに引き継いでいくため、県内で活動されているＮＰＯ、団体等が、地域で求められている活動に取組んでいただくことを期待している。私が好きなこの滋賀が、名実共に「環境滋賀」となって欲しい。

「山門水源の森」の生物多様性を次の世代に引き継ぐために

山門水源の森を次の世代に引き継ぐ会
藤本　秀弘

山門水源の森を次の世代に引き継ぐ会

所在地／伊香郡西浅井町
会　長／竹端康二
活　動／2001年4月設立。里山で貴重な生物が生息する「山門水源の森」（伊香郡西浅井町）の生態系を保全し、次の世代に引き継ぐことを目的に、調査研究、啓発・提言、湿原の復元、観察コースの保全等の活動を行っている。

眠れぬ夜も

昭和62年（１９８７）4月29日、山門湿原に関心を持つ有志が、長期の調査対象として適当かどうかの現地調査を実施し、その魅力にひかれて即日「山門湿原研究グループ」が発足した。以来、今日まで毎月1回の定期調査が続いている。平成2年（１９９０）8月10日、京都新聞に「県最大級のゴルフ場」の見出しで、ゴルフ場開発が行われることを知らされることとなった。既に4年間の調査で、この湿原の生物多様性に富む重要さが判明しており、各方面に開発

湿原の復元作業を終えて

の中止を要望した。が小研究グループの要望は聞き入れられる見通しもなく、お手上げ状態で眠れぬ日もあったが、折しもバブル経済が崩壊し、開発業者が撤退することとなった。平成8年（１９９６）、現在の「山門水源の森」の範囲を滋賀県が買収し、一般公開する運びとなり観察コース等の整備が行われた。この整備にも研究グループの成果が反映されるよう種々の資料提供や助言を行った。同時にこの貴重な湿原を含む森の生態系が次の世代に引き継げるよう、観察ガイドやパトロール要員を確保して欲しいと県に要望したが叶わなかった。が一般公開に伴って増加する訪問者による「山門水源の森」への負荷を考えると放置はできず、平成11年（１９９９）末「（仮称）山門水源の森を次の世代に引き継ぐ会」を仮発足。西浅井町の協力も得て保全の方向を考えるプレシンポジウムを開催し、平成13年（２００１）4月、正式に「山門水源の森を次の世代に引き継ぐ会」を発足させた。本会は、「山門水源の森」の生態系の保全を第一義とし、保全の必要性を啓蒙する諸活動を行うことを目的としている。

地域の皆さんとの協働

「山門水源の森を次の世代に引き継ぐ会」発足当時の会員数は、80余名で主として森のパトロールや観察会等を実施していた。が薪炭林として利用されていた昭和30年代後半以来、一部の植林は別として大部分は放置され森林の更新はされず、湿原も遷移が進行し、一部は灌木帯となっていた。かかる状態を放置すれば生物多様性は、年々失われることが危惧され、平成15年（２００３）から湿原の復元作業・森林の除伐・貴重種の増殖作業を開始した。63・５haという広大な面積の保全作業は、本会のみの力ではどうしようもない状態であったが、行政や地域住民・ボランティア団体のみなさんの協力で順調に保全作業が進行している。また、西浅井町立の研修施設「やまかど・森の楽舎」の建設によって、来訪者への各種サービスも多角的に行えるようになった。加えて「おうみＮＰＯ活動基金」の3年間の助成を得ることができ、設備の充実と森の保全活動が飛躍的に伸展した。その結果として訪問者は、一般公開前の年間数十名から４０００名を超えることとなった。一般の方々にも保全活動の重要性の認識が深まり会員数も１３０名を超え、来訪者に保全活動の重要性と森の生物多様性を理解していただくためのガイドシステムも充実してきた。

再生した湿原

灌木に被われ、ササやノイバラで湿原とは名ばかりだった場所が、保全作業の結果年々湿原としての景観を取り戻しており、絶滅寸前だった希少種が分布を広げているのを見ると本会の活動が間違ってはいなかったと実感でき、さらに多くの方々とともに名実共にこの生物多様性を次の世代に引き継ぐため微力を尽くしたいと思う昨今である。

トキソウ

モリアオガエルの産卵

ハッチョウトンボ♂

琵琶湖の豊かさを取り戻そう

びわ湖自然環境ネットワーク
寺川　庄蔵

びわ湖自然環境ネットワーク
所在地／大津市
代　表／寺川庄蔵
活　動／1990年7月設立。琵琶湖を含む県内の自然と環境を守ることを目的に、現地調査やシンポジウム、琵琶湖岸へのヨシ植栽、河川への魚道の設置実験等の活動を行っている。

平成2年（1990）4月に、「ふるさとの山野を考える」と題したシンポジウムを守山市内で開催したところ、200名が参加して大いに盛り上がった。私は山登りが好きで、昭和48年（1973）から「清掃登山」など山の自然を守る運動をしていたが、この間、高度経済成長からバブル経済の影響で自然や環境の破壊は山だけではなく、街も、野も、琵琶湖も乱開発といってもいい大規模な開発が進められていた。このため、新聞などでダム開発反対や、ゴルフ場開発阻止、農薬空中散布反対などの運動が各地で行なわれていることが報じられたが、ああがんばってるなーという感じで、横のつながりがほとんどなかった。そんな中で、ちょうど比良山のスキー場大拡張計画がわれわれの運動で凍結された。その反省会のような会議の席で、「山はなんとか守ることができたが下界は大変やで」という会話が出た。そこで、この機会にいろいろと各地で自然や環境を守るためにがんばっている仲間たちを集めて情報交換と交流をしたらどうだろうという話になった。「よしやろう」となったものの、だいたいの場所と名前はわかるが連絡先がわからず、新聞社に連絡したり、知人友人に頼んで調べてもらうなどして15～16の団体がつかめた。その代表たちは会場いっぱいに集まった参加者に自分たちの運動や思いを熱っぽく語りかけた。

そうして、成功裏にシンポジウムは幕を閉じた。しかし、このままで終わるのは惜しいのでこうした話し合いの場を続けられないだろうか、という話になり、参加者に呼びかけたところ3ヵ月後に12団体3個人で「びわ湖自然環境ネットワーク」が大津市内で結成された。

その後は、自然と環境問題に取り組む情報交換と交流組織として、県内全ダム調査、歩いてのびわ湖一周環境調査、びわこ空港反対運動、県内廃棄物処分場の調査、海外エコロジーツアー、などに取り組むと同時に「琵琶湖の環境破壊の現場から」を毎年発行し、県の発行する「環境白書」住民版として、多くの方に読んでいただいた。

このネットワークは、現在も名前は継続しているが、中味は平成13年（２００１）1月1日からすっかり変わり、それまでの団体中心の情報交換と交流を中心とした組織から、個人加盟の行動する組織に生まれ変わり、規約もすっかり変えて会の目的を「県内の自然と環境を守るために行動する」としたのである。

これは、淡海ネットワークセンターの誕生とも大いにかかわるもので、平成7年（１９９５）の阪神淡路大震災をキッカケに全国的にボランティア活動が活発になり、行政もそのお役に立つべく支援組織を立ち上げ、環境のみにかかわらず福祉や教育などあらゆる分野で活動する団体をサポートすることになり、われわれの役割はこれが機能し始めたことでほぼ終えたと考えたのである。

平成13年（２００１）からは、琵琶湖のレジャー問題で水質への悪影響と騒音や危険行為を繰り返してきた水上オートバイ対策に取り組み、なかなか重い腰を上げない行政に対して、市民が条例案をつくりその条例案を議会に提案するなどして「琵琶湖レジャー条例」の制定を実現した。

現在は、主に琵琶湖と河川の環境回復のため、琵琶湖の湖岸に自然の素材を使った粗朶《そだ》消波工でヨシ帯を再生させる「びわ湖よしよしプロジェクト」と、琵琶湖に流入する1級河川に間伐材などによる木製魚道を設置して魚の遡上を

粗朶消波工の補修作業（大津市和邇中浜）

めざした「魚ののぼれる川づくり」に取り組み、それぞれ3年〜4年の実験を経て、ようやく成果が出始めてきた。

　これからも、地道な取り組みでこの美しい滋賀県とその宝ともいえる琵琶湖と山々を守るためにがんばっていきたい。

市民が主役、持続する活動

里山保全活動団体　遊林会
武藤 精蔵

里山保全活動団体　遊林会

所在地／東近江市
会　長／武藤精蔵
活　動／１９９８年６月活動開始。里山の保全を目的に、東近江市の愛知川河辺林「河辺生きものの森」で、森の手入れや自然環境体験学習会の開催等の活動を行っている。

里山保全活動団体「遊林会」の活動を開始して今年で10年目になる。市の担当者として、県の淡海文化市町村推進事業交付金を受け、淡海の里山である現在の河辺いきものの森の生態系調査とその結果に基づく里山保全手法と活用モデル確立に従事したが、気が付けば公私ともにどっぷりと浸かってしまった10数年である。

県交付金を受けて実施した生態系調査結果は、豊かだと考えていた森の植生が、河川の氾濫や人の利用がなくなり、竹と常緑樹のみが繁茂する単純な植生の森へ遷移中で失われつつあるということであった。豊かな森を残すには、河の氾濫はともかくとして、里山として昔のように人が木を伐り落葉をかく保全活動の必要性が明らかにされた。その結果よみがえった森を、日頃自然に触れることが少なくなっている子ども達の自然体験の場として活用するためにスタッフの設置や施設整備のあり方が示された。

　里山保全活動を始めることはもとより考えていたことではあるが、なかなか初めの一歩が踏み出せずに悶々とした日々が続いた。しかし、至る所で威勢良く里山を保全するんだとほら話を吹聴していたため、耳にした県担当者から林野庁の里山保全活動の新規補助金があるので是非とも受けるようにとの話しが回ってきて、背中を押されることになったのである。

　通常ならばここで活動のお膳立てをして地元自治会や各種団体に働きかけ、保全活動への参加を呼びかけるか（事実上の動員割り当て）、事業を団体へ丸投げするのが今までの役所流のやり方であろうが、これでは活動の永続性が保障されないだろうと過去の反省から考えたのである。

　この手法では、渋々集まった目的意識も曖昧な参加者によって活動を開始し、活動初日にはマスコミに連絡すれば新聞紙上などにも記載され、実績は残せるであろう。しかし、荒廃した里山をよみがえらせる活動は1年や2年で終わるものではなく、継続することが求められる。こうした目的意識の希薄な呼び寄せられた人による活動では、今までの例から早晩消滅するであろうと考えた。それでは伐ってしまった何十年生きた木に申し訳ないではないか。やる気のある仲間で継続性のある活動にしようと始めたのが、「この指止まれ方式」の遊林会の活動である。

里山保全セミナーを開催し、荒廃した地域の里山の現状や回復させる手法説明と活動開始を呼びかけ、第1回目の作業を実施したのが平成10年（1998）6月のことである。動員のない活動は当事者である私を含めて参加者5名、小雨降る中の作業であったが、活動日を毎月第2土曜日と定め、誰でもその日に来れば参加可、会則も会員名簿もない自立した意志のある市民だけが集まる遊林会活動がスタートしたのである。

地域のマスコミの支援もあり、5名でスタートした活動が市民の間に浸透し、参加者数が毎回20人（現在は50人前後）を超えるようになるまでに半年とはかからなかった。この時に始めた誰でも自由に参加でき、森の中で体を動かし汗をかき、一緒になって語り食べる面白さがある遊林会の市民活動スタイルは今も健在である。

10年目に入った現在、遊林会の活動は、台風が襲来しても大雪が降っても中止のない第2土曜日と第4水曜日の定例作業と、それ以外の週の木ままクラブの活動（木曜日）、会のことを相談する誰でも参加できる森の居酒屋（森の作戦会議）、そして市からの委託を受けて実施する自然体験学習など、自由で活発な活動を展開して

ある作業日の参加者

いる。

この間、担当市職員として、行政の側と団体の責任者の立場を適宜使い分け遊林会活動に関わってきたが、現在は人事異動により市民として遊林会の立場からのみ関わる身になっている。そろそろ職務の現役を終える時期が近づいてきたが、自然を生かすことで人も生かされる遊林会活動に関わったおかげで、周りからは、身を置く場が保障されたうらやましい存在だと言われている。

トピックス

市民活動は楽しく

ストップ・フロンと温暖化防止　ある電気店の挑戦

特定非営利活動法人　ストップ・フロン全国連絡会
野口　陽

それは平成５年（１９９３）５月４日、群馬県の市民活動の新聞記事を読んだ時が始まりだった。

そこには、自身（家電店）が扱う冷蔵庫等に使われているフロンガスの影響で、地球のバリアーであるオゾン層が破壊され、有害紫外線が増加し、地球上の生物の生存が危うくなること、日本が世界第２の生産使用国でありながら、放出規制がなく、過去に放出したフロンが今後もオゾン層を破壊し続けることが記されていた。

その記事を読み終えた時から、私はストップ・フロン、オゾン層保護につかれたように、可能な限りの行動を開始した。

活動を楽しくが基本。「ストップフロン滋賀」を立ち上げ、全国の仲間と共に絵本、紙芝居など

ストップフロン滋賀

活　動／１９９４年２月設立。フロンガスによる環境破壊を防ぐことを目的に、オゾン層保護、紫外線防御、地球温暖化防止のための様々な活動を行い、全国に先駆けて電気店による廃冷蔵庫からのフロンガス回収を行った。２００６年２月に全国組織へ発展的解散。

の啓発グッズを製作し、平成8年（1996）には、国連が定めた初の国際オゾン層保護デーの記念行事を開催することになり、3月には大津で全国大会、9月には大阪で海外ゲストを招いての国際フォーラムを実施した。活動開始から短期間であったため、通訳、送迎、設営等々、スタッフ不足が懸念されたが、学生、市議、県議はじめ多くの市民スタッフが集まり大成功を収めた。

また、大津市と地域電気店協力の廃冷蔵庫からのガス回収（平成6年（1994）全国初）がきっかけとなり、自治体、企業の注目を集めて、フロン放出禁止の県条例化、国での法制化につながった。県議会、国会へのロビー活動を展開したことが懐かしく思いだされる。

一人で大きな仕組みを変えることは困難だが、多くの人の心を得れば可能だ。しんどかったが、素晴らしい仲間に恵まれて大きな成果を得たことには感激した。市民活動は真剣に楽しくが原点。誰にでもわかる、「ひらがな」での活動がよかった。

先般、滋賀県が2030年に1990年比50％のCO_2削減「滋賀モデル」を発表した。琵琶湖を守るためにもこの目標に真摯に取り組みたい。滋賀から変える、滋賀だからできる、「滋賀モデル」に取り組み、「ひらがな」での活動で次世代に引き継ぎたいものだ。

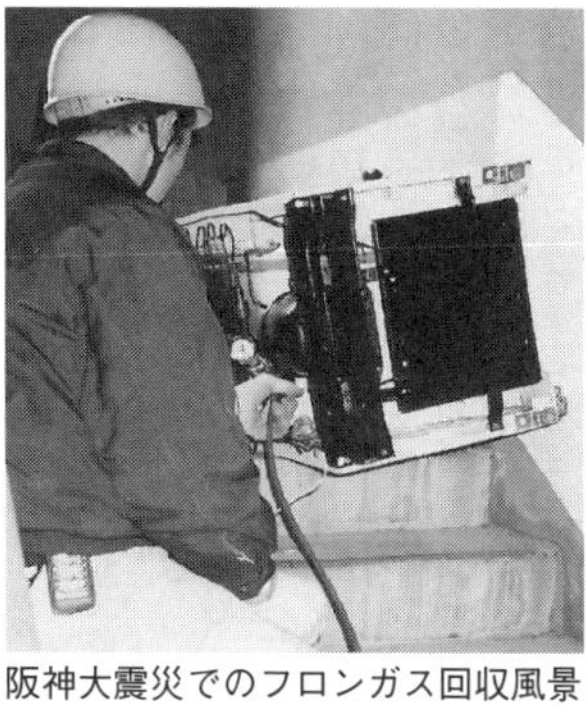
阪神大震災でのフロンガス回収風景

処分場に回収した冷蔵庫

石けん運動から現在に至る環境問題に取り組む市民活動

滋賀大学教育学部教授　川嶋　宗継

川嶋宗継（かわしまむねつぐ）
滋賀大学教育学部教授。富栄養化・酸性雨等の水環境問題の基礎的研究と共に、それらを素材とした国内外の学校における環境教育教材やプログラムの開発を中心に研究を進めている。滋賀県環境審議会委員、滋賀県科学教育振興委員会委員長。

滋賀県では１９７０年頃から本格的に市民運動、とりわけ、石けん運動が合成洗剤による健康被害を心配した婦人団体等によって始まった。石けん運動は、その後、昭和52年（１９７７）に琵琶湖に淡水赤潮が発生したことによって加速され、琵琶湖の水質を守る運動に変わっていった。この運動に他の多くの市民運動も同調し、翌年に、「びわ湖を守る粉石けん使用推進県民運動」県連絡会議（通称「びわ湖会議」）が結成された。行政も巻き込んだ大きなうねりとなり、昭和54年（１９７９）に、「滋賀県琵琶湖の富栄養化の防止に関する条例」（通称「琵琶湖条例」）の制定につながった。石けん運動はその後も全国的な広がりをみせ、昭和59年（１９８４）には「湖沼水質保全特別措置法」が制定された。しかし、富栄養化の原因物質の１つであるリンを合成洗剤に入れないことに焦点が移り、合成洗剤の健康被害に対する懸念から出発した「石けん運動」は合成洗剤そのものの追放という目標を失い、徐々に下火になってきた。びわ湖会議は、その後、「びわ湖を守る水環境保全県民運動」県連絡会議と名称を変えて活動してきたが、平成20年（２００８）に30年間続いた活動の歴史を閉じようとしている。

この運動は琵琶湖でおきた衝撃的な赤潮の発生という環境問題に端を発して大きなうねりとなって展開され、富栄養化の進行に一定の歯止めをかける役割を果たしたが、琵琶湖条例が施行された後も、琵琶湖の水質は大きく改善されることなく、むしろアオコの発生（１９８３年）、ピコプランクトンによるアユの大量死（１９８９年）、夏季停滞期の深層水の溶存酸素の低下等にみられるように徐々に悪化していった。また、近年、地球温暖化、オゾン層の破壊、酸性雨といったいわゆる地球規模の環境問題の深刻化が大きな問題となってきたが、これらの問題は石けん運動にみられたような大きな市民運動の対象とはなっていない。もちろん市民運動は全く停滞してしまったのではなく、本書でも紹介されるような優れた市民活動はたくさん存在する。活動がここ20年、質的に転換してきたのではないだろうか。突然、淡水赤潮が発生したときのように、ある意味で分かりやすい形で問題が現れ、多数の市民が団結して動いたスタイル、すなわち、１つの目標に向かって一斉に動く活動ではなく、集団で学習したり、研究したりしながら、地域の環境問題の解決を視点においた地道な活動スタイルが主流になっている。環境に関心を持ち、何らかの形で問題解決に関わっていこうとする人やグループは増えてきていると思われる。

このことは例えば、平成８年（１９９６）に大津市で開校された「淡海生涯カレッジ」

に見ることができる。現在は、彦根市、長浜市、湖南市、草津市でも開校され、県内の高等教育機関の協力を得て、環境、地域、文化をテーマにして市民が学習できる機会を提供している。地域の中に存在する多様な学習機関の連携を深め、公民館や公共施設等での日常的な学習から、大学等での高度な学習を組み合わせたシステムで、地域をキャンパスとした「地域の大学」である。当初から、「環境」は重要なテーマであり、修了後に個人あるいはグループとして指導的役割を果たしておられる受講生も少なくない。他にも、環境に関わる多くの講演会や研修の場が毎年設けられ多くの市民が学習・研修に参加し、環境に関わる指導的な役割を担える市民や市民グループは育っている。

しかし、若い世代の参加が乏しいため世代交代が進まず、やむなく活動を停止したグループや存続が危ういグループのこともしばしば耳にする。地域や社会の課題の解決に市民活動は重要な役割を演じるが、地域に根ざした市民活動が一層活発になっていくことを期待したい。そのためにはもっともっと多くの市民、特に若い世代が環境に関心を持ち、活動に参加することであり、活動グループは活動を外に開いて、広げていくという努力が必要であろう。地道に地域に根ざした市民グループの活動を支援する「淡海ネットワークセンター」の情報提供・交流事業はますます重要になると思われる。市民活動へのいっそうの支援を期待したい。

ここが好き。だから知りたい、大切にしたい、伝えたい

まちづくりを考えるとは

近江八幡市職員　吉田　正樹

吉田正樹（よしだまさき）

近江八幡市職員。国土交通省地方振興アドバイザー。特定非営利活動法人「夢塾おうみ」理事長。八幡堀の再整備事業をはじめ、県の近隣景観形成協定締結事業による景観まちづくりの必要性を紐解く。また、ハートランド財団の設立をはじめ、地域愛づくり、まちづくりなどの調査研究講演活動を行ない、全国各地のまちづくりに関わっている。おうみ未来塾第1期生。

地域が存在を維持し、発展継続していく第一の条件は、「変化に対応していく状態を維持あるいは創ること」である。これは、地域のニーズやウォンツに対応できる仕組みが継続できないところは衰退の道をたどるのである。もちろん地方自治体にしても然りであり、地域住民の要望に応えていくことのできない地方自治体は、住民の不満が募り、信頼を失うことになるのである。従って、まちづくりの組織の存在価値を高めるためには組織内部への視点よりも外部に起きている環境の変化に目を向けることが大切なのである。

「堀は埋めた時から後悔がはじまる」「先人の遺産から今の私達が見失ったものを再発見

し活かそう」のスローガンを基に始まった市民運動から三十数年が過ぎ去った。現在、３００万人の観光客が近江八幡市には訪れるようになり、全国から注目されてきている。しかし、当時の一部の行政には「一握りの懐古趣味の運動である。そんなものが観光開発、まちづくりに結びつくのか」という考え方があり、消極的な態度で傍観していたのである。

この市民運動の精神こそが今の「地域まちづくりの礎」となったのである。平たく言えば、この精神は、連綿と続いてきた、受け継いできた、日本のよき文化、地域愛をはじめとする日本の故郷を代替に失い、社会を変え、地域を変え、人々の心までも変えてしまった価値観を再評価、再検討することである。だから、決して、現在のような年間３００万人の観光客が訪れるような観光目的のまちづくりを目指すものではなかった。それは都市の仕組みを一定の意思と方針でもって手直ししていく「時たたずむ日々の暮らしの息づくまちづくり」である。

こうした市民運動の動きが起爆剤となり、市内各地域で近隣景観形成協定事業締結等を地域まちづくりの礎として市民運動による事業展開がはじまったのである。「自分たちのまちを、自分たちの発想で、いつまでも住みつづけていたい」等の思いを掲げ、独自での純農村集落である浅小井町ふるさと快適景観形成まちづくりの基本構想策定をはじめ、駅前大通り・池田本町・大中町等をはじめとする市内15地域で景観まちづくりを目指した地域特性を資源とした事業展開が行われた。この行動は今盛んになりつつある市民活動の始まりで、自らが自らの地域を魅力ある住み良いまちにしていくことを目指し、良質な地域資本を次世代に引き渡す仕組みづくりを行う活動である。

もともと地域には、水も緑も大昔よりあり、心和む町並み、人を育ててきた、「地域風土の結いの精神」も至る所にあった。これまでは、とにかく地域を壊しすぎた。つまり、時代がかわれば、世間の仕組みも変わり、価値基準も新しくなるのである。言い換えれば、地域づくりを担当する人々は、いろいろな視

八幡堀

点で物事を理解しようとするが、最終的には「自分がどう活きるか」が重要である。だから、今地域の必然性にいち早く気付き行動する人の創出こそが今各地のまちづくりに望まれているのである。

　こういった事をどこまで自覚し、実践できるかによって私たちの未来が決まるのであるから、地域・自然・歴史・文化等を地域づくりの「タカラモノ」として将来にわたり守り育てていく行動こそが市民活動であることは誰もが理解をしている。しかし、この「タカラモノ」にのみにしがみついているだけでは私達には進歩がない。

　ふと周りを見渡すと私達は先人より多くの「タカラモノ」を受け継いできた。

　私達は近代になって「タカラモノ」と呼べるものを一体、何をつくり引き渡せるのだろうか。

雨森芳洲に学ぶ民際外交

雨森まちづくり委員長
平井　茂彦

高月町雨森（たかつきちょうあめのもり）

所在地／伊香郡高月町

活　動／郷土の偉人「雨森芳洲」を地域のシンボルとして、環境美化など多彩な活動を行い、数々のまちづくりの賞を受賞している。１９８４年には東アジア交流ハウス「雨森芳洲庵」を建設し、〝湖北の村からアジアが見える〟をキャッチフレーズに草の根の国際交流を進めている。

「湖北の村からアジアが見える」

これは高月町雨森（１１５戸４５０人）の小さなの農村まちづくり活動の一つのキャッチフレーズである。江戸時代に朝鮮との外交・貿易に尽くした雨森芳洲《あめのもりほうしゅう》を称える活動をもう25年も前から続けてきた。

雨森芳洲は平成20年（２００８）に生誕３４０年を迎える。優れた学者であった芳洲は、鎖国といわれた時代でも正式な外交があった朝鮮との窓口であった対馬藩に仕え、誠信の交わりを実践した学者であり、外交家であった。しかし、その後の歴史が悪かったためほと

韓国の青少年を迎えての交流会

んど知られることがなかった。

そんな郷土の先人を称える活動を始めたのが昭和56年（１９８１）ごろからであった。念願であった雨森芳洲記念館の建設を県や町とともに、地元負担金一戸当たり8万円近くを出して実現した。このころ、芳洲はまだまだ知られていなくて建設への周囲の理解を得ることは大変難しかった。しかし、出来上がってみるとこの建物のまちづくりへの波及効果は大きかった。

「東アジア交流ハウス雨森芳洲庵」の美しい木造の建物と調和する美しい雨森の村づくりへと広がり、村の中の川には鯉を放ち、手作り水車が回り、花飾りが並び、まちづくり観光と視察団が押し寄せるようになった。

このころ、今でいうＮＰＯ「雨

「サムルノリ」を演奏する地域の子どもたち

森野球部」が誕生した。野球部は、野球よりもまちづくりが熱心で〝野球をしない野球部〟として、やってもやらなくてもいいが、やったほうが楽しいことを行ってきた。

　その一つが鯉の泳ぐ村のアピールとして始まった「こいのぼりイベント」である。毎年５００匹ものこいのぼりを揚げ、長さ60メートルの巨大こいのぼりを泳がせ、こいのぼりマラソンも開催してきた。こいのぼりまつりも開催し、屋台の売上金で翌年の開催費用を生み出している。こいのぼりを揚げる竹は毎年１００本切り出してくる。作業から後片付けまで丸５日をかけての一大イベントとなっている。新緑の中を泳ぐこいのぼりを家族ずれなどが見て喜ぶ姿に苦労も消えてしまう。

雨森芳洲の心を今に引き継ぐ活動として、雨森まちづくり委員会が行ってきたのが韓国の青少年との交流である。これも20年ほど前から3泊4日のホームステイなどで、毎年夏休みに40人ほどのグループで迎え、これまで2千人もの青少年を迎えてきた。別れの時はみんなが泣いてしまっている。これほどの感動はまちづくりでないと経験できないと思われる。そして、これほどの自治会の国際交流は全国でも例がないといわれるほどである。

また、朝鮮半島に伝わる民俗芸能「サムルノリ」を雨森の新しい文化にしようと、雨森の子どもたちが習い覚えて演奏できるようになっている。4つの打楽器を打ち鳴らす演奏を県内外や韓国でも行い、韓国を身近に感じてもらうようになったり、日本に親しみを覚えてもらっている。

まちづくりを始めて25年。まちづくりの中で育ってきた人たちが今25歳ぐらいになってきた。その多くが野球部やまちづくり委員の子どもたちで、活動を見て育ってきた。運動会などには多くの若者が都会から帰ってきて、運営を支えてくれている。そして夜はみんなが集まって盛り上がっている。後継者集団として、次はこの若者たちにまちづくりをバトンタッチしたいと思っている。

江戸時代の国際人雨森芳洲を誇りにして、その心を受け継いで〝草の根ノーベル賞〟でもめざして、大きなテーマを掲げたまちづくりを続けたいと願っている。

生活の知恵に学ぶ豊かな暮らし

特定非営利活動法人　蒲生野考現倶楽部
井阪 尚司

特定非営利活動法人　蒲生野考現倶楽部

所在地／東近江市・蒲生郡日野町
理事長／森田英二
活　動／1990年から活動をはじめ、2003年7月に法人設立。生活環境のよりよい創造と地域文化の向上および郷土を愛する青少年の育成を目的に、環境文化に関する調査研究や体験学習の実施、教材開発等の活動を行っている。

蒲生野考現倶楽部の活動を始めて、今年で19年目になる。よくぞ続いてるなあ、と我ながら感心している。倶楽部が誕生したのは、「場と人とチャンス」に恵まれたお陰だ。

22年前、私が勤務していた蒲生東小学校で、全校で自分の使った水の行方を学ぶ「みぞっこ探検」を始めた。地域で子どもと学習を深めたいと願う私と地域のことをよく知っている西堀明枝さん（水環境を守る生活推進協議会で石鹸運動のリーダー、現蒲生野考現倶楽部副理事長）と琵琶湖研究所におられた嘉田由紀子先生（現知事）

が一緒に水路に入って、水路探検をした。当時、研究者が子どもと一緒に溝に入って調査することは目からうろこだった。「これは何の葉？」「料理に使うクレソンの葉だよ」「メダカがいたよ。こんなところにザリガニの子どもがいた」などと、目を輝かせながら発見したことを伝えに来る子どもたち。「このタイヤ、だれが捨てたんやろ」「ぼくの捨てた空き缶がまだあった」本当にゴミは多かった。「昔はここでお茶碗を洗っていたよ」「蛍もたくさん飛んでいたねえ」とエルダーのおばあさん。はっと気がついて、秋にはゴミ拾いを行うことになった。この一連の流れを、「たんけん・はっけん・ほっとけん」という言葉に表した。この時の場と人とチャンスの出会いが今の蒲生野考現倶楽部の原点になっており、今、組織は大きくなったが、活動の考え方や地域参加型のスタイルは当初より変わっていない。

　今日の蒲生野考現倶楽部に至るまでに、いくつかの節目があった。ＮＰＯの課題は、人・場所・資金と言われる。倶楽部の活動がステップアップした時期は、①蒲生町教育委員会と協働してマックス体験活動を組み、倶楽部の拠点となる「あたらしや学問所」を開設した平成８年（１９９６）である。②「しゃくなげ學校」開校とＮＰＯ法人化、そして県から初めて「川と道の学校」の事業を受託した平成15年（２００３）であり、淡海ネットワークセンターからの支援が大きかった。この支援が３

年間受けられ、しゃくなげ學校の事業の基礎を築くことができた。③これまでの活動の記録をトヨタ財団の支援を得て出版したことで、ＮＰＯとしての自信がついた。

里山の智恵が地域をつくる「しゃくなげ學校」

本が世に出るに当たっては、随分、嘉田先生にお世話になった。④平成16年（２００４）に始まった日韓交流が今日も続いており、国際交流ができるようになったのも自信につながっている。⑤平成18年（２００６）に始まった県内大学専門家との連携事業である「里山再生」と「ふるさと絵図」の展開も、メンバーにとって面白さを味わう活動となっている。この活動で「全国地域づくり表彰」や「コカ・コーラ環境教育賞」をいただいたり、倶楽部の活動が全国の中学・高校生のボランティアテキストになることで倶楽部員の意識が随分と高まってきた。

　本年の活動の重点は、地域再生によるまちづくり（ハード面）と参画から生まれるふるさとづくり

6月の「ほたるコンサート」。日野少年少女合唱団の澄みきった歌声が講堂に響き渡る

（ソフト面）である。特にお年寄りに50年前の地域の様子を聞いて絵図にする作業と荒れた山や田を復元する作業は、滋賀の里山—里野—里湖をつなぐここ10年の緊急課題である。今聞いておかなければ、環境が激変する以前の地域の様子や行事が分からなくなるばかりか、地域文化が衰退する。また、耕作放棄により笹が生い茂り30年経った荒れた田にサギソウやリンドウが芽を出せるチャンスはもう15年程しかないとも言われている。事業に参画し、体験を通して「ふるさとを語れる」自分をつくっていきたい。このことが、「生活の知恵に学ぶ豊かな暮らし」を実現できる近道であると信じている今日この頃である。

山村の生活文化を発信

特定非営利活動法人　朽木針畑山人協会
山本　利幸

特定非営利活動法人　朽木針畑山人協会
所在地／高島市
代表理事／松永哲征
活　動／２００２年10月に法人設立。湖西地域最大の河川、安曇川流域の朽木針畑地区で、過疎と高齢化により衰退する地域社会を創造的に再生・活性化することを目的に、古い文化や歴史を生かした環境教育および地域の森林の保全に関する活動を行っている。

過疎と高齢化が進む朽木針畑地区。京阪神１４００万人の命の水を供給する琵琶湖の最源流の地に位置する。山のくらしに憧れて、漠然と移り住んだのがちょうど10年前（１９９８年）である。いわゆる地元の方々、まだまだ元気な60歳代が力強く生活を営んでいた。私にとっては親の世代である。

しかし山村特有の村社会は、新しくこの地に入った新参者（入り人）を簡単に仲間入りさせてはくれない。しかし人が減ること、高齢化が進むことよる地域社会の崩壊が徐々に進む。私たち入り人は何をすべきかと、話し合いを重ねていた。

あるとき当時の地域私設消防組の組頭から、消防組への参加を呼びかけられた。この組頭より年上の組員が大半を占める組織であった針畑私設消防組。地域防災を担う組織でさえ地元意識が強く、それまでは入り人が参加することは無かった。

しかし危機感を持った組頭が、若い入り人たちとともに地域を守ろうと考えるのは当然であり、私たちも地域を守るため当然として参加した。

これが移り住んで2年目（２０００年）のこと。緩やかながら、地元のお年寄りや、移り住んだ人たちとの繋がりができ始めた頃である。

同じ土地に住むものとして、共通の問題意識を持ち始め、話し合いが始まった。針畑を良くするために、少しずつ動き出したのである。

ひと冬、じっくりと議論を交わし、それぞれの立場でできることを認識しあう。やがて「針畑地域の創造的な再生と活性化」を大きな目標に、２００１年4月、朽木針畑山人協会を立ち上げた。地域住民だけではなく、水や道で繋がる都市住民たちにも呼びかけを行い、新しい祭りやワークショップを行う。

２００２年10月には「特定非営利活動法人　朽木針畑山人協会」となり、新たにスタートし、現在に至る。

山人協会として活動してゆくなかで、地域の伝統や技を目にする機会が大いに増えていった。また長老方とも交流が深まり、以前のような壁は少しずつ無くなりかけている。

協会の活動として、季節ごとに新しい祭りを行った。そのなかで雪の季節に行う「針畑郷雪祭り―針畑どんど―」には思い入れが強く、この冬で7回目を迎えることになる。

旧暦の小正月、季節が冬から春に巡るとき、雪解けを前に炎によって雪を浄め、琵琶湖へ送る。琵琶湖源流域「針畑郷」の住民と、水で結ばれる下流住民が、共に雪（水）とその水源である森に、思いを巡らし、感謝の祈りを捧げる、古くて新しい祭り。

例年、おおきな「どんど」を組み上げ、降り積もった雪で「かまくら」を作り、その中ではお酒を口にしたり、七輪で餅を焼いたり。そして夜には「どんど」にその年の年男、年女の方々の手により、火を灯す。火が無くなる頃、東の空から大きな月が昇り、真っ白な雪原を照らす。

都市住民の人には幻想的な光景が好評であるが、3回目のときにこんなことがあった。冬の行事として雑誌に掲載され、２００人を超える都市住民が雪の針畑に押しかけた。経済的には潤ったのだが、自分たちが目指していた都市住民の方との交流は果たせず、単なるお祭り騒ぎといった風のイベントになってしまった。趣旨に賛同して来られた方との交流は出来ずじまいで、当然我々協会スタッフも満足感や達成感の無い「針畑どん

針畑郷雪祭り―針畑どんど―

ど」となったのである。

それ以降は意図的に広報を控えつつ、少ない人数であろうとも、最初の思いを大切に続けている。

いま、針畑には荒廃田が広がる。稲作と山仕事で生活の糧を得てきた針畑であるが、現在前述の生業の衰退はご存知のとおり。そこで入り人有志は、放棄され茅畑と化した田畑を、再び田んぼに戻して稲作を始めた。

最初は土地も機械も持たない我々だったが、長老の協力を得ながら、少しずつその面積は広がった。

いぶかしげに見るものもいたが、開墾から田植え、草取り、収穫までを粘り強くこなし、それを通じて地元の信頼を得ていったのである。

現在、協会は「針畑郷山村都市交流館　山帰来」という建物の指定管理を受けて、運営を行いながら活動を行っている。

活動が7年目を迎えて、亡くなられた人、去った人もいるなか、当初の目的である「創造的な再生と活性化」を今後も図っていきたいと考えている。

『地域を良くしてゆく』、そこに住む住民としては本来当たり前のことを、協会の活動として淡々と進めてゆきたいと考える。

トピックス

中世城跡をネットワークする

近江中世城跡保存団体連絡会
泉　峰一

平成19年（2007）11月23日快晴、「第6回近江中世城跡琵琶湖一周のろし駅伝」で60数カ所の城跡が「のろし」でつながった。今年は福井県にも拡がり、以前からの岐阜県を含め3県にまたがるイベントとなった。

中世の城跡は滋賀県内だけでも1300カ所を数えるが、多くは人知れず里山に埋もれている。実は私の地元の鎌刃城跡も10年前までは地元住民に城の名前すら知られていない状態であったが、地域住民と行政の連携により磨き出され、今では国の史跡に指定されている。今これは地域に誇りを持ち、まちづくりを進める重要な資源となっている。このように地域に埋もれている城跡や歴史文化遺産に地域住民が主体的に関わり、これ

近江中世城跡保存団体連絡会

所在地／米原市
会　長／泉　峰一
活　動／2003年10月設立。城跡や里山を中心にまちづくりに取り組む団体、個人が情報交換し、城跡や里山を守ることで近江文化の継承と琵琶湖の自然環境を保全することを目的に、年1回、「近江中世城跡琵琶湖一周のろし駅伝」を開催している。

を活かした地域興しの輪が拡がることが望まれる。そこで毎年の「のろしイベント」を通じて、各々の城跡保存団体との情報交換や協同活動の連携を強め、それぞれの地域の発展を目指すこととしている。

参加城跡は第1回目の18カ所から始まり、第2回目に「ふるさとイベント大賞」を受賞し弾みが付き、毎年の好天にも恵まれて今年は初参加の福井県の17カ所を含め60カ所を超えることになった。今年は浅井氏の居城小谷城をスタートに朝倉氏の本拠地の越前一乗谷へ「のろし」をつなぐことをテーマにし、戦国期の同盟関係の両氏の拠点を1時間弱でつないだ。これは参加者が戦国時のロマンを感じるとともに、これまで気づかなかった地域の歴史文化や里山の暮らし、自然環境の変化など様々なものに気づきと感動を覚えることになり、次の行動へとつながることになると考える。

今後、このネットワークは滋賀を発信点にさらに北陸、中部へと拡大し全国的なネットワークになろうとしている。これが全国的に広がり「のろしイベント」の持つ、歴史文化や自然環境保全の効果にとどまらず、これをきっかけとした住民主体の地域興しの運動へとつながっていくことに期待している。

鎌刃城跡で、のろしを上げる

出会いから始まった スローライフなまちづくり

特定非営利活動法人　五環生活
竹内 洋行

特定非営利法人　五環生活
所在地／彦根市
代表理事／近藤隆二郎
活　動／２００６年10月に法人設立。「五感」・「環境」・「暮らし」をコンセプトに、環境との関わりを持つ様々なライフスタイルを楽しみながら体験し、社会に定着させることを目的に、自転車タクシーの運営やエコツアー、ワークショップの企画運営等を行っている。

私が「五環生活」の一員としてＮＰＯの活動をするようになったきっかけは10年前に見た新聞記事だ。新聞記事で考えさせられ、行動するうちにさまざまな出会いがあって導かれたという感じである。

10年前、バイク好きでクルマの部品会社に勤め、とても環境にやさしいとはいえない私の生活に、最初に？の問いかけをしたのは「このままでは温暖化の進行は止まらない」と警句を発する普通のありふれた新聞記事だった。その記事はＣＯ$_2$の各排出源の全体に対する比率や総量(産業部門4割、運輸部門2割、家庭と会社ともに1割5分…)などが書かれており、私はクルマと家庭の排出比率の高さに驚き、「自分も動かなきゃならないんだ」と行動を見直すきっかけになった。

記事を見た2年後、クルマやバイクをやめ自転車を主な交通手段とするようになり、仕事もより環境負荷の低い自転車を扱う仕事に転職した。単純な性格なのである。この間に「本当にやりたいことは何なのか」という自問に対する答えが深められた。「自分の子どもに胸を張って自慢できることに取り組むこと」それが私のテーマとなった。

同じ頃「美しい地球を子どもたちに」と題した講演会の実行委員会に参加した。ここで知り合った人からドンドン他にもつながった。別のところでまたそうしてつながった同じ人と顔を合わせた。狭い世界だなあと感心した。この「美しい～」講演会だが、事実を並べるだけで特に「良し悪し」は押し付けない、誰かのせいにして終わらせるのではなく「自分なんだな」って気づく。「文句を並べることでなく自分から行動することが重要」と教えられた。

講演会で知り合ったメンバーと、この地で次は自分たちでなにかをしようとよく話した。私はサイクリングを計画し彦根で何度か幅広く実施した。彦根市からお誘いがあって「自転車とまちづくりの委員会」に参加し、現在のＮＰＯ法人五環生活の近藤隆二郎代表と出会った。委員会ではさまざまな取り組みをした。自転車の行き交う街づくりを夢見て提言書も作成した。言うだけでなく実践も重要と、自転車の良さをＰＲするイベントにも積極的に参加した。委員会の任期が終わっても活動は終えず、自分たちで団体「自転車生活をすすめる会」を立ち上げ、ここでもずいぶんいろいろ活動した。そして「自転車タクシー」を中心とした事業型のＮＰＯ運営計画を検討した。

　結局小さな自転車団体では「自転車タクシー」は運営できないのであきらめたが、近藤代表の強力なリーダーシップのもと、若い人が中心となって新たなＮＰＯ「五環生活」が立ち上がり、自転車タクシーだけでない暮らし全般にスローな生活様式を提案する活発な活動が始まった。このＮＰＯの中で私は若いみんなのようにすべてに参加することはできないが、自分のできる範囲でお手伝いさせてもらっている。とても楽しい。自分の思い描く世の中を、自分たちの手で作り上げていく。たとえ小さな活動でも。こんな楽しいことは他にない。

　このＮＰＯの中では、やりたいことはあまり否定されない。否定はされないが、本当にやろうと思うとおびただしい意見がつく。前向きなのである。今ここで私は日本製の自転車タクシー製作を提案している。ハードルは高いと思うが楽しい夢である。大勢の若い人たちと一緒にそれぞれの夢をこのＮＰＯで見られたらと思う。

安心・安全なまちづくり

特定非営利活動法人
西大津駅周辺防犯推進協議会
宮尾　孝三郎

特定非営利活動法人
西大津駅周辺防犯推進協議会

所在地／大津市
理事長／清水耕二
活　動／２００４年９月に法人設立。ＪＲ西大津駅（２００８年３月15日から大津京駅）周辺の地域において、安全で安心して暮らせるまちづくりの推進を目的に、機会犯罪抑止を主眼とした地域自衛型防犯活動を行っている。

私は、平成14年（２００２）の春に竣工した「駅前徒歩１分」がうたい文句の超高層マンションの住民となったが、夏ごろから駅前ロータリーが未成年者による暴走行為のたまり場となり、その１分の距離が怖くて歩けないような状況になっていった。そしてその年の12月に駅前ロータリーに開店したコンビニの前に暴走族が集まるようになり、翌年２月までの３ヶ月間に、私の住むマンションは総額３００万円ほどの器物損壊の被害を受けることとなった。

　その頃、マンションには設立したばかりの管理組合はあったが、対外的な窓口となる自治会の早期設立が課題であった。平成15年（2003）4月に、40人ほどの熱意あるメンバーとともに自治会をつくり、私が初代会長に選ばれて、さっそく管理組合とともに夜回りを始めた。

　当初は、マンションのメンバーだけで週末の深夜を中心に見廻り活動を行なっていたが、駅周辺やマンション周辺に蝟集《いしゅう》し、暴走行為を繰り返す若者と常に対峙《たいじ》するような状況で、地元の方々から「心配だ」との声も聞こえてくるようになった。そこで、この防犯活動を地域の活動にしていくために、隣町の自治会長と市役所防犯担当職員の方にお声がけをしていただき、平成15年（2003）10月に、駅周辺の8つの自治会と事業所から構成される協議会が設立された。

　現在は、月2回、週末深夜に青パト1台を使い、警察犬として訓練されたシェパード犬1頭（保安犬と命名した。）とともに、15名前後のメンバーでゴミ拾いをしながら巡回活動をしている。蝟集《いしゅう》している少年少女に対する話しかけ、暴走車両への注意、大音量で音楽をかける車両のボリュームを下げさせたり、その都度状況判断をしながら環境改善に努めている。

　また、青パト単体の活動として、ほぼ毎日、小中学生の通学路の周辺警戒を行なっている。

　活動を続けていて印象に残って

青パト出動式

いるのは、若者たちが散らかしたと思われるゴミが落ちていたので「ゴミ袋渡しとくから、拾っときや。戻ってきたときにゴミ袋もらうしな」と声をかけてゴミ袋を渡したら、ちゃんと拾っていて「おっちゃん、おつかれ～。ゴミ拾っといたで」と明るい顔を見せてくれたときだ。大人の多くは、若者に注意できないというが、彼らは存在を認めてほしいのだ。大人そして地域の責任で環境改善はできるのだ。

　最後に、おうみＮＰＯ活動基金には特定非営利活動法人となってからのノウハウや、青パトや保安犬を運用した提案型事業のバックアップを頂いた。その後も滋賀県協働部活プロジェクトや内閣官房都市再生プロジェクトに採択頂けたりと、活動全体の質的向上のきっかけを作っていただき、感謝している。

　滋賀県が「なくそう犯罪滋賀安全なまちづくり条例」を平成15年（２００３）4月に施行してから、滋賀県下に我々のような防犯団体が数多く輩出され、刑法犯認知件数は平成14年（２００２）のピークの約3万2千件から平成19年（２００７）は約1万6千件まで減少している。これからも持続可能な自主防犯活動のカタチを研究し続け、滋賀県が安心で安全な地域であるよう、微力ながら努力を続けたい。

トピックス

企業も善良な一市民

特定非営利活動法人　三方よし研究所　岩根 順子

江戸時代以降、地名を冠にした商人は多く、大坂商人、博多商人、松坂商人などが著名である。そして出店数や商人の数、商い高において特筆されるのが近江商人である。本店はあくまでも近江に置きながら全国各地に出店を開き、各地の経済格差を巧みに活用して産物を流通させた近江商人の商法は、近代商社の原型といわれる。近江の歴史的な事情によって、限られた地域から特徴的な商いの方法をとりながら永続的に活動し、現在に至る近江商人の商家や企業は多い。

これら近江商人共通の経営理念は、多くの利益を求める前に、自らの商いが社会的に受け入れられるかどうかを最優先に考え、社会的に認められ、そして取引先の利益に結びつくもので

特定非営利活動法人
三方よし研究所

所在地／彦根市
理事長／出家鋪美嗣
活動内容／２００２年４月に法人設立。企業の社会的責任（ＣＳＲ）につながる近江商人の「三方よし」の精神を滋賀県の産業興しと県民のプライドづくりに生かすことを目的に、その考え方の普及啓発のための事業を展開している。

あることを第一義とし、社会の需給を調整するという商人の任務を遂行したときに余沢として利益が生まれるという、商人の社会的責任を重視した。こうした「世間よし」の考え方は、のちにわかりやすく「三方よし」といわれるようになった。

近江商人の経営理念は滋賀県の無形文化財であると、滋賀県では「ＡＫＩＮＤＯ委員会」を設置し、１９９2年から10年間、滋賀県の産業振興やまちづくりにこの理念を生かすための事業展開が行われた。しかし、バブル経済が破綻した頃に発展的に解散した。一部の事業は産業支援プラザに引き継がれたが、市民自らが、優れた先人の理念を積極的に啓発しようとＮＰＯ法人三方よし研究所を設立した。皮肉なことにＡＫＩＮＤＯ委員会が解散後に企業の社会的責任が問われる時代が到来し、企業も善良な一市民であるという自覚なくしては企業が存在しないという状況となってきた。現在、産地や製造日時の偽装やリコール隠しなど企業の不祥事が相次ぐ中、近江商人の経営理念が再評価されている。自己の利益のみを優先する企業は社会的に非難され、法令順守はもちろん、企業が社会の一員として何をなすべきかが重要な問題となってきた。

滋賀県の経済成長率は、他県に比べて高く、県民所得も多い。しかも社会貢献事業を展開する企業は量的にも質的にも有数であり、滋賀経済同友会が滋賀県ＣＳＲ大賞を創設したことは特筆され、県内の企業や近江系企業の行動は高く評価されている。琵琶湖の自然環境保全に積極的に取り組む企業や団体の活躍ぶりには目を見張るものがある。比叡山の開祖最澄は「忘己利他」「一隅を照らす」という。この言葉は近江商人の精神文化を育み、障害者福祉の先進県を生んだ。こうした風土の中で、グローバル化をめざしながらも、この地で商う、モノを作ることの意義を深く考えながら善良な企業市民をめざすことで、新しい時代の新近江商人がより多く輩出することを願う。

草の根まちづくり

滋賀大学経済学部教授　北村　裕明

　１９８０年代以降の滋賀県のまちづくりを振り返ると、草の根の市民の思いを基礎としたまちづくりを展開してきたという特徴がある。全国的にも先進的なまちづくりと評価されている、八幡堀の保全に端を発した近江八幡のまちづくりは、八幡堀というまちの固有資源を保存再生させたいという市民の強い思いを出発点としている。長浜黒壁のまちづくりも、黒壁銀行という地域近代化の象徴的建物の保存活用と、商店街の再生を願う市民の思いを基礎にしている。そして、そうした草の根の市民の思いを、まちづくりにつなげるいくつかの制度を作り上げてきたことも、滋賀県の特徴であるといえよう。

　市民の草の根の思いをまちづくりにつなげる制度として注目すべきものに、滋賀県風景条例（ふるさと滋賀の風景を守り育てる条例、１９８５年施行）の近隣景観形成協定がある。

北村裕明（きたむらひろあき）
滋賀大学経済学部教授。専門分野は「財政学」「非営利組織論」。淡海ネットワークセンター第１期運営会議座長。おうみ未来塾運営委員長。

近隣景観形成協定とは、自治会・町内会レベルで、市民が自ら保存すべき景観について協定を結び、それを地元の市町村長を経由して県知事に申請し、条例に基づいて認定されれば、県の補助金が市町村の補助金とセットで交付される仕組みである。景観保全という新しい地域の共同事務を、草の根の市民が発見しその保全活用方法を共同して申請し、それを行政が認定し補助金が交付されるのである。

近江八幡市金剛寺地区の「金剛寺往古湧泉と緑と潤いあるまちづくり協定」（85戸）の事例を見てみよう。金剛寺地区内の若宮湧水の周辺整備を進め地区の歴史文化遺産を保存活用しようという協定であり、１９９６年に協定が締結され認定を受けた。１２０万円の補助金が交付されたが、各戸が毎年６千円ずつ負担すると共に、作業班による公園・散策路の整備や、毎週日曜日の若宮湧水公園の清掃活動を行っている。若宮涌水公園の整備事業費は、通常であれば２０００万円を超える規模であり、地区のシンボルとなっている。こうした活動を通して、地域資源の再発見と活用がすすむと同時に、景観保全が地区の新しい共同事務と位置づけられ自治会活動が活性化されてきているのである。

現在、県内の80地区で景観形成協定が結ばれている。県内の先進的なまちづくりの多くは、近隣景観形成協定を締結し公的補助金の交付を受け、景観形成を地域の新しい共同事務に位置づけながら、それぞれの活動の発展をはかっているのである。

このような草の根の市民の思いをまちづくりに生かす仕組みは、近年いくつかの市町村レベルでも整備されつつある。旧愛東町の孫子安心条例（環境基本条例、２００１年）では、町の環境行動計画を作成するにあたって、大字ごとの地域環境行動計画を作成することを定めている。町は、地域環境行動計画づくりを援助し事業に補助を行いながら、市民の地区ごとの環境保全活動を支援しているのである。愛荘町では、ほぼすべての自治会単位での地区計画の作成をすすめ、そこでの事業補助を実施している。栗東市では、都市マスタープラン作成に当たって、小学校区ごとの地域別まちづくり構想を作成し、その過程で再発見された地域資源を生かした事業（目川立場ほっこりまつり）がまちづくりの新しい方向を示しているのである。

滋賀県のまちづくりは、草の根型だと評価されている。そこには、草の根の市民やリーダーの地域への熱い思いがあると同時に、それをまちづくりに結びつける制度も徐々に整備されてきていることにも注意する必要があろう。草の根の市民が、地域を変えることができる制度を、さらに豊かにしていくことが大切なのである。

座談会「若い世代が描く10年後の市民活動の姿とは？」

市民活動に関わっている若い世代のみなさんに、戸惑いや課題、夢を語っていただき、これからの30年を見据えて、10年後どのような市民活動が期待できるのか、市民社会の未来を展望します。

出席者

河内崇典さん
特定非営利活動法人み・らいず　代表理事

根木山恒平さん
特定非営利活動法人五環生活　事務局長

村上　悟さん
夢現創舎・上山田どっぽ村　事務局

遠藤亮平さん
同志社大学大学院社会学研究科　在学

亀山芳香さん
湖北古民家再生ネットワーク・滋賀県立大学大学院人間文化学研究科　在学

司会

浅野令子
淡海ネットワークセンター　事務局長

亀山《かめやま》芳《よし》香《か》さん
湖北古民家再生ネットワーク・滋賀県立大学大学院人間文化学研究科在学

1982年岐阜県生まれ。滋賀県立大学で、町なみ保全や景観保全の研究に興味を持ち、滋賀県の古い民家などの調査・研究に携わっている。2006年から古民家を未来へ引き継いでいくことを目的とした「湖北古民家再生ネットワーク」のメンバーとして、古民家を活用した地域活性化を進める活動に取り組み、人と家、人と人をつなげるコーディネートの役割を担おうと夢を抱いている。

「ありがとう」と感謝されたことが、市民活動のきっかけとなる。

まず、皆さんが市民活動に関わったきっかけをお願いします。

亀山　滋賀県立大学に入って7年目になります。歴史が好きで、考古学を勉強したくて今の大学の学科を選びましたが、滋賀県を中心に町なみや景観の保全の研究をされている濱崎一志先生との出会いがきっかけで、滋賀県の古い民家を中心としたいろんな調査・研究に携わってきました。そうした時期に湖北の古民家を未来に引き継いでいきたいという湖北地域の設計士さんや工務店さんらが「湖北古民家再生ネットワーク」を立ち上げました。学生の立場で何かお手伝い出来ることはないかと思って参加し、主に湖北の古民家の実態調査に取り組んできました。しかし、調査をするだけでは古民家は残っていきません。実際に住みたい人を探したり、所有者や地域の人たちの古民家に対する意識などを聞いたりして、人と家のつながりを築くことも必要です。これからは古民家に住みたい人と空き家になっている古民家をつなげていきたいと思っています。

根木山　大学時代にコンテンポラリーダンスを始め、大学卒業後、東京で舞台芸術のマネジメントの仕事を6年間していました。その間、滋賀の栗東文化芸術会館「さきら」でのプロジェクトに3年間関わりました。通常、ダンスは稽古場で作るんですが、滋賀では田んぼに入ったり、山に登ったり、神社で踊ったり、東京ではできないことをたくさんさせてもらいました。その時の感動が大きく、１年後の２００４年に、地域に根付いた暮らし

根《ね》木《ぎ》山《やま》恒平《こうへい》さん
特定非営利活動法人五環生活事務局長

1976年北海道生まれ。東京のニュータウンで育つ。千葉大学在学中にダンスに出会い、舞台芸術の企画制作業に6年間従事。栗東で行ったダンスの事業がきっかけで、滋賀の風土に愛着をもち移住。おうみ未来塾7期生として地域活動を学ぶ。2007年から、環境に配慮した暮らしを提案、実践している「五環生活」（2006年設立）の事務局長として、学生など若いスタッフとともに、自転車タクシー運行や暮らしの体験プログラムの企画運営などに汗をながしている。

村上《むらかみ》 悟《さとる》さん
夢現創舎・上山田どっぽ村事務局

1976年滋賀県余呉町生まれ。滋賀県立大学の一期生。NPO法人職員として自然再生事業に携わった後、3年間、大工見習で木造建築を学ぶ。2006年から自給的稲作を開始。2007年、空き民家を借りて農村デザインアトリエ「夢現創舎」を開業。湖北町の中間山地を生かした暮らしの手づくり促進事業「上山田どっぽ村」や余呉町における体験交流型の観光事業づくりなどに携わる。

をしようと滋賀に移住してしまいました。ただ、実際には地域活動とほぼ無縁に生きてきたので、地域のことを学ぶために「おうみ未来塾」※1に入りました。その2年間で地域を構成しているいろんな人や組織というものに出会い、間近に経験することが出来ました。その後、縁があって昨年からＮＰＯ法人五環生活に入り、現在は事務局長として事業運営に取り組んでいます。

村上　父親が早くから自然保護に取り組んでいたので、環境と経済との両立というのがずっと僕の中にあり、人がいきいき生きるということと自然を守ることが自分のテーマでした。大学卒業後、3年間、茨城県で自然再生と地域の新しい仕組みづくりに取り組んでいるＮＰＯ法人で働いていました。その時に国土交通省の委員になり、審議に関わったことがきっかけで、ダムのことを調べていくと、田舎の現状が外に伝わっていなかったり、田舎の人が外のことを知らなくて、どんどん人口が流出していく。問題は産業づくり、コミュニケーションであると確信したんです。地元余呉もダムや過疎化の問題があります。何とか自分の生まれた地域でもっと生かせる方法はないかと、3年前に帰ってきました。実際問題として食い扶持を稼ぐために大工を始め、農業も途中でやり出し、その中で自分のいろんな感覚が育ってきました。それが「上山田どっぽ村プロジェクト」をはじめたきっかけになります。

河内　大学生の時、福祉系の学部に進んだ友人からのバイトの誘いがきっかけでした。時給が１５００円で、こんなおいしいバイトはないと内容も聞かずに直ぐに受けたのが、障がい者の在宅支援で、重度の障がいをもつ男性の入浴介助でした。初日に断ろうと決心してご自宅までいきました。しかし、お母さんに「こんな今時の若い人がここに来てくれると思わなかったわ。ありがとう」と感謝されたんです。多分、その「ありがとう」がカルチャーショックだったんですね。結局、辞めることを言えずに、ごまかしながら「いい人」をやり続けた結果、とうとうそこのお家の冷蔵庫を開けて自分でゴハンを食べるくらい馴染んでしまいました。僕は特に志はないけれども入浴介助はできる。そこにお金もゴハンも付いてくる。そう割り切って1年続けたんですが、だんだん自分が偽善者でいることが苦痛になってきて、そのとき初めて「福祉ってどうなっているのか」と考えました。「こんなにいい人がこんなに困っている。福祉に関わる人って大したことないやん。何も出来てへん。なんとかしないと」。そんな思いが込み上げてきて、自分でＮＰＯを立ち上げる決心をしました。

歩き回る行動力とぶつけ合う仲間づくりが市民活動の先駆者に求められる。

こうした皆さんの活動のきっかけを聞き、第三者の目から見て遠藤さんはどう思われますか。

遠藤　市民活動に直接関わっていない素朴な目線で聞こうと皆さんのお話に参加させていただきました。市民活動を続けられるのは何故なんだろうと不思議だったのですが、皆さんのお話を聞いていて、こういう取り組みすべてに言えることだと思うんですが、「慣れる」ということなんでしょうね。初めは変わったことをしていると思われていたことが、だんだん周りの人たちも皆さんの取り組みに慣れてくる。それで継続されていくように思いました。

根木山　村上さんや河内さんが明解に語られているのを聞いて、先駆者にはその明解さがそなわっているんだということを強く感じました。ただ、誰もがすぐにその明解さを持てるわけではないのが現実だと思うんです。先駆者は、自分の力だけでやっていけるが、全員がそうではないので、そういうときにどういう仕組みを作るのかというのが大事だと思うんです。それがこれからの五環生活のやるべきことだと思っています。五環生活にはモチベーションの高い学生が集まっていますが、現時点では、お二人のような明解さをまだ持ち得ていない。その際に、どういうふうにサポートできるんだろうかというのが悩ましいところで、村上さんや河内さんに、どうやってその明解さを手に入れたのかをぜひ教えてほしいです。

村上　とにかく先に理屈ではなくってとりあえず飛び込んでしまえみたいなところでしょうか。河内さんの例で言うなら、普通なら時給を見て相場より良い値段だと疑いますよね。ところが河内さんは取りあえずやってしまえと飛び込んだ。それと、もう一つは電話ではなく、ちゃんと顔を見て断ろうとしたこと。出向いたためについ引き込まれてしまった。そのへんがキーじゃないかと思うんです。僕自身も取りあえず自分がやってみないとわからないとか、現場に行ってみないとわからないという感覚が常にあります。行ってみると人とのつながりが出来ていく。歩き回って棒に当たりまくっているうちに結果が出てくるんだと思います。

河内　確かに今の学生はネット環境が整っているので、行動を起こさずに全て調べるんですよ。僕らは何かに当たるということの「旨み」を知っているわけですよ。その「旨み」を知らないから、ついつい調べてしまうんでしょうね。それと、今の僕の状況をつくった

遠藤《えんどう》亮《りょう》平《へい》さん
同志社大学大学院社会学研究科在学
（2008年１月現在）

1984年大阪府生まれ。大学では社会福祉と企業の社会貢献の関係について勉強。淡海フィランスロピーネット会員。2006年4月から淡海ネットワークセンター運営会議委員としてセンターの運営に参画している。2008年４月に社会人となる。今回の座談会では他の市民活動に関わっている４名とは違い、市民活動に直接関わっていない若者としての目線で参加。

のは仲間がいることが大きいですね。仲間と話すことで、するべきことが明確にされていくんです。連れ同士の感覚で「おまえは間違っている」とか「じゃあ何があっているのかはっきり言えよ」みたいに言い合ううちに、言葉の角がどんどん取れて丸くなっていった。それがミッションになっていったんだと思います。

遠藤　僕は6年間福祉学科だったので、二日酔いになりながら福祉について熱く語っていましたね。だから河内さんが「福祉って何をやってるねん」と憤りを感じたというところは同じなんですが、河内さんが僕と違うのは、ご自身で行動されたところです。僕は他力本願なので人がやればいいという視点になっていってしまったんだと思います。とにかく熱く語れる仲間っていうのは大事だと思いますね。

亀山　熱く語れる仲間という視点から見ると、湖北古民家再生ネットワークには、仕事が忙しいので活動にはなかなか参加できないというメンバーが多く、メーリングリストで情報は流していますが、反応が薄いのも現状です。ちゃんとした事業がまだないというのも課題で、そうかといって学生の私が事業を提案し、それを実現させるほどの能力もありません。それでもやっぱり何かをしたいという思いは皆さんお持ちなので、それらをいかにうまくすりあわせて束ねていくかという部分が大事だと思っています。今お話を伺って、話をして言葉をぶつけ合う中で作られていく部分がまだまだ足りないと感じました。

村上　自分一人で出来ないから誰か手伝って欲しいと呼びかけることで仲間は出来てくると思います。僕の場合、事業としては一人で企画していますが、全ての事業には必ずパートナーがいます。これからのものの作り方というのは個人がベースになってくるのではないでしょうか。今までのような組織や理念よりも、具体的なものが主軸になってくると思っています。そういう意味では一人ひとりが自分は何者か、自分が出来ることは何なのかを気付くようなチャンスが出来ていくことが必要なんです。

発想や見方のトレーニングをする仕掛けづくりが、市民活動の一歩に結びつく。

ところで、どうしたら若い人に市民活動への一歩を踏み込ませることができるんでしょうか。

河内　僕の一歩目は、さっき言ったように障がいをもつ方とそのお母さんに出会ったことです。全ての偶然によって一歩目を踏んでい

河内崇典《かわうちたかのり》さん
特定非営利活動法人み・らいず
代表理事

1976年大阪府生まれ。学生時代にガイドヘルパーを始め、卒業後１年間企業で営業職を経た後、2001年に特定非営利活動法人「み・らいず」を設立し、障がい者の在宅支援、余暇支援事業などを始める。現在は自立支援法に則った知的障がい者の在宅支援と、大阪市教育振興公社からの委託で、青少年会館などの空き部屋を利用した不登校の子どもたちの支援、高齢者在宅支援、まちづくり等の事業を行っている。また知的障がい者のアートをＴシャツにして販売と意欲的に事業を展開。社会起業家を育成する「エッジ」では実行委員長をするなど、若手の社会起業家の育成にも力を注いでいる。

て、あとはもう経験と広がりで、自分が全然想像していなかった人生になり、それに対してすごく感謝しているし、そういったことをきちんと継続していかないといけない立場になってしまった。だから若い人たちに話しをするときは「一歩目なんか出るわけないよ」と思いながら話しかけます。福祉に関心があって当たり前とか、ボランティアが当たり前とか、里山再生は絶対必要なことと思って話をしていると伝わりません。そんなことと関心あるけど出来ない人が大半で、それに対してどう仕掛けを作るかが重要なんです。

村上　桃栗三年柿八年みたいなもので、やっぱり実がなって誰かに食べてもらえるようになるまでには時間がかかります。ただ多くの人はものの発想の仕方や見方というのができないんです。基本的に日本の教育の中には市民活動といったジャンルを勉強できるチャンスがこれまでなかったし、市民活動をしている人もあまりいなかった。これからは少しずつそういう学習のチャンスが出来てきたらいいですね。大事なのは制度よりもツールだと思っているんです。僕が活動している「どっぽ村」もツールなんですよ。それが良いツールであれば人が育っていくでしょう。またそのツールも時代に応じたものが必要になってくるので、「どっぽ村」も百年ぐらいしたら全然違うものになっているだろうし、それでいいんだと思います。

根木山　村上さんが言うように、発想と見方のトレーニングがまずは必要なんだと分かりました。五環生活でも、それをしっかりプログラムとしてつくっていきたいです。うちのスタッフの多くが所属する滋賀県立大学には、学生が地域に愛着を持つようになる、とても良い教育プログラムがあります。そうした中でやる気をもった若い連中が地域に残って生きていけるような支援の仕組みを県内の大学とも連携して五環生活が提案し、なおかつ河内さんや村上さん、亀山さんなどの専門の個人やＮＰＯ

と連携することで、全体的に変わっていく気がします。すごくワクワクしてきました。

総合学習世代は市民活動を広げていくのに大きな可能性を持っている。

皆さんのようにＮＰＯが生活のベースにある人はまだまだ少ないと思います。営利の世界にサラリーマン、事業家、パート、アルバイトがあるのと同じように、市民活動の世界にも起業家もいて、ＮＰＯで働く人やボランティアもいてみたいな多様さはどうやったら出来ていくと思われますか。

遠藤　最近は市民活動を学生時代にやっていた人が増えていると思うんですね。そうした学生たちが普通に企業に就職しても、仕事をしながら市民活動をしたいと思う人も出てくるだろうし、例え自分は学生時代に市民活動をしていなくても、そうした活動をしていた同僚から誘われることもあるでしょう。学生時代にボランティアに携わっていたことは、今後、ボランティアやＮＰＯ活動が広がっていく大きな可能性につながっていくと思います。

河内　僕は総合学習世代の小学6年生と中学3年生の時に2回講演をしているんです。その世代が大学生になって、僕のところで3人もボランティアをしているんですよ。そういう世代にきちんと総合学習で伝わったんだということが、すごく嬉しいです。僕らの世代は福祉体験なんてなかったですからね。ですから今の学生には大いに期待したいですね。

村上　「どっぽ村」で一つのキーワードにしているのは、暮らしや生き方の多様性です。僕は余呉に住んでいますが、多くの若い人がまちに働きに出ている中、昼間この地域に僕の年代が一人いるとなっただけで、周りの雰囲気が変わるんです。こういう僕を見て、考える人も出てくるでしょう。やれない人が無理にやらなくてもいいと思うんです。今できる僕のような立場の人が見本になることで、今できない人は、傍らで僕たちの活動を見ながら「いずれ自分もしよう」と思ってくれればいいのです。とにかく焦らないで、自分の感覚でここまで行きたいという目標を決めて、時間を定め計画的にやればいいと思っています。

滋賀はもっとおもしろくなる。

最後に、次の30年を思い、10年後の市民活動をどのようにしていきたいか、またどんな社会にしたいか、その中で自分はどういうポジションを占めていたいのかをお聞かせください。

自分の周りで活躍している人たちの活動を伝えるパイプ役になり、自分が携わる地域を日本一に輝かせていきたい

遠藤　自分自身は起業ということは出来ないけれども、皆さんの存在を知ったことで、市民活動をしている若い人たちがいることを多くの人に伝えることは出来ると思うんです。そうした皆さんのスタイルを伝えることで友だちや同僚が興味を持って行動を起こしてくれるかも知れない。だから、この10年間はＮＰＯで起業されている方とのつながりを大事にして、人に伝えていく役割でいたいと思っています。それと、自分が携わる地域を日本一に輝かせていければと思っています。

環境の時代に滋賀ならではのライフスタイルを全国に発信していけたらいいですね

根木山　地域に愛着を持ち、自分の力と意志でここで生きていくという仲間を僕らの世代からどんどん増やしていきたいですね。そういう仲間を得ることで、自分自身も生きていけるのではないかと、他力本願ですが思っています。地域に溶け込んでいくことで確かにわずらわしいと感じるようなこともあるかもしれませんが、むしろ、それが自分の人生、ライフスタイルが変わっていくという感覚なのかと思います。10年後、今のような仕事を続けながら、子どもが2〜3人いて身の丈で生活できていたら幸せだというのが個人的な思いですし、自分がそういうふうに生活していくためには、かなりの数の仲間が必要だと思います。滋賀は「せっけん運動」※2とか「抱きしめてＢＩＷＡＫＯ※15ページの注参照」が象徴するように、かなりオリジナリティのあるアイデンティティを既に作ってきていると思うんです。それを僕らが引き継いで、これからの環境の時代に滋賀ならではのライフスタイルを全国に発信していけたらいいですね。

お互い足りていないようなところをコラボすることによって社会が一つひとつ変わればいい。一緒に関西を盛り上げていきましょう

河内　大きな課題としては次の世代に自分の思いをどう伝えて継続していってもらえるかということ。もう一つは、いかに他の団体と連携し、ネットワークやコミュニティを作っていけるかがテーマです。地元の支援者だけでは限界があります。関西の中でも自然に恵まれている滋賀に大阪の子どもたちを呼んでもらい、地域の枠を越えた協力ができればと思っています。2年前からＮＰＯ法人蒲生野考現倶楽部さんの「しゃくなげ學校」※3の様々なイベントに参加させてもらっています。農村体験から始め、ゆくゆくは農村で働

くことをテーマに、子どもたちが大人になる中で何か出来たらと思っています。大阪は大阪、滋賀は滋賀、京都は京都ではなくて、横のつながりを増やしていきたいですね。お互い足りていないところを抱き合わすことによって社会が一つひとつ変わればいいのかなということで、「滋賀助けて！」という感じです。一緒に関西を盛り上げていきましょう。

日本の伝統的な建物や景観を
未来に継承する活動を続けていき、
10年後も同じようなことを語っていたい

亀山　今、地方と都市の格差が問題になっていますが、滋賀県の湖北地域や地元の岐阜も含めて、どんどん若い人たちが都会に出ています。しかし、一方で河内さんが滋賀を求めてくださるように、都会での限界を解決するヒントが、実は山や村の生活にあるのではないかと思っています。滋賀県だけでなく、全国にも日本の伝統的な建物や景観が多少は残っていると思うんです。それらを未来に継承していくためにも、古民家再生の活動を継続していき、10年後も同じようなことが語れていたらと思います。それから、私と同じような意志を持つ人が10年後には何人かいて、その人たちに滋賀は任せて、私自身は地元岐阜で家庭を築き、古民家を移築して住みたいですね。新築するにしても伝統的な家の造りにして、その家づくりの過程を自分が見守り、またその過程を他の人も見学できるようにして、「日本の伝統的な家っていいなぁ」と思っていただいて、そういう家が増えていくことが理想です。

未来はもっとおもしろくなります。
一人ひとりの暮らしや生き方が多様になるからです。
互いの違いを受け入れ、生かし合うことが
できる社会になるでしょう

村上　10年とか30年で僕が確実にこうかなと思えるのは、もうちょっと面白くなっているんじゃないかということですね。それはコミユニケーションツールの充実が大きいです。

あと一つは時間の使い方や制度がもう少しルーズになっていくことで、変わっていくことがたくさんあると思っています。経験というのは話すだけでは駄目で、一緒に行動することで分かってくるんだと思います。それをするためには時間が必要なんですが、現代人には時間がかなりきついです。お互い共有できる時間ができると変わっていくのではないかと思います。きっと10年後はお互いきゅうきゅうするのはやめようと。みんな楽になろう。そういう感覚になって欲しいし、そうなっていくように感じています。

　みなさんのお話から、様々なところに市民活動の入口があり、ちょっとしたきっかけで扉が開くことが分かりました。そして、若い世代のみなさんは社会を変えていく大きな可能性と力を秘めていること、また、滋賀には全国から人が集まってくれるような素晴らしい要素が隠されていることも実感できました。この10年間、社会はめまぐるしく変化してきましたが、その動きに勝るとも劣らない大きなうねりが将来を担う若い世代に芽生えているように思います。これからの滋賀はもっとおもしろくなりそうですね。若い人の力で滋賀を盛り上げていって欲しいと思います。長時間ありがとうございました。

※１　おうみ未来塾
　淡海ネットワークセンターが１９９９年に開塾した市民活動の人材育成事業。地域課題に取り組む「地域プロデューサー」の育成を目指し、塾生が主体となってフィールドワークやグループ活動を２年間行う。２００８年３月現在、卒塾生と在塾生２００人余りが県内各地で様々な活動を行っている。

※２　せっけん運動
　１９７０年頃から、合成洗剤による健康被害を心配した婦人団体等が、合成洗剤ではなく粉せっけんを使おうと始めた。この運動を受け、滋賀県は、80年にリンを含む洗濯用合成洗剤の使用規制を盛り込

んだ「滋賀県琵琶湖の富栄養化の防止に関する条例」（琵琶湖条例）を施行した。

※３　しゃくなげ學校

児童数の減少で閉校した小学校の校舎と敷地をＮＰＯ法人蒲生野考現倶楽部（がもうのこうげんくらぶ）が日野町から借り受けて２００３年度に開校した。〝里山の知恵が地域を創る〟をコンセプトに、自然や環境、人とのふれあいが学べる「學校」づくりを目指している。校名の「しゃくなげ學校」は、地元にある観光名所で天然記念物の「鎌掛谷（かいがけだに）ほんしゃくなげ群落」にちなんで命名。

自立と協働
―地域再生と新しい市民社会のかたち―

佛教大学社会学部教授　谷口　浩司

谷口浩司（たにぐちひろし）
佛教大学社会学部教授。地域社会と住民自治に関する研究が専門。1985年には弁護士、建築士、事業家等と非営利組織の先駆け、住生活研究所（現NPO法人マンションセンター京都）を設立、理事長に就任。京滋地区のマンション管理組合の支援活動、京町家再生など、市民活動の組織化に参画。また住まいを京都市から大津市(旧志賀町)の旧集落に移して20余年、その間、村の自治組織の改革などに従事。2005年4月から運営会議座長として、淡海ネットワークセンターの運営全般に関わっている。

他人まかせにできない滋賀の課題群

「滋賀は琵琶湖の流域がほぼそのまま県域であり、ひとつの生態学的な単位を構成している。これは自然生態系との調和をめざす社会のモデル創造に適した条件」（内藤、2006）と考えられている。なるほど四囲の山並みに育つ森、その森に囲まれて水を湛える琵琶湖、森と湖を結ぶ川、川の流域に年月を重ねた暮らしの風景がある（まるごと淡海編集委員会、1998）。しかしながら近寄ってみるとまた別の風景も見えてくる。耕作放棄に悩む村、ダム建設で治水と自然保護にゆれる流域住民、ゴリやモロコの獲れなくなった琵琶湖、手入れの行き届かない森林、そして押し寄せる少子高齢化の波と財政赤字に苦しむ自治体。私たちの身の回りは課題山積、暮らしの再建は待ったなしである。

　山積する課題を目の前にして何もかも行政まかせで、私たちの暮らしは果たして大丈夫だろうか。市民が自らを組織して地域の構成者＝主体者として登場し、さまざまな場面で直接に課題解決を担わなければならない、と考える人たちが増えてきた。ますます多岐に及ぶ地域課題を行政だけで担う制度では、うまくいかなくなってきた現実がある。

迎えるＮＰＯ第二ステージ

　こうした時代の変化の先駆けは、「ボランティア元年の年」と言われる１９９５年、都市の終末を思わせるような大地震、阪神・淡路大震災である。市民の多様な組織によって担われた活動が、機能不全に陥った都市行政を補完して、被災住民の暮らしを支える重要な役割を果たした（北村、２０００）。その後地震などの災害だけでなく、本書に示されているように、子育てや介護の支援、福祉の現場で、さらには町並みの保存、森や川や湖など自然の保護や再生に、市民の自発的で、営利を求めない多彩な活動が広がっている。

　ここにはＮＰＯ第一世代たちが担った先駆者としての役割がある。時代を切り開いた彼らには、先駆者として熱い志や使命感があった。これはＮＰＯの第一ステージである。そして時代は今や、ＮＰＯの力量と広がりの必要な第二ステージを迎えている。

行政と市民との協働

　国は１９９８年3月、「特定非営利活動促進法」を制定し、市民活動団体等の非営利組織が法人格を取得して、活動がしやすくなるよう制度を設けた。そして２０００年4月には、４７５本に及ぶ法律を一挙に改正した「地方分権一括法」を施行して、地方自治体の権限を強化した。地方、地域の力量がいよいよ試される時代の到来である。

　このような時代の潮流をうけて滋賀県では、非営利組織と行政の協働のあり方として、研究報告がまとめられている（しが協働モデル研究会、２００５）。この報告書は、滋賀県における協働の現状の問題点と今後の進め方の手順が示されており、庁内のテキストとして利用されるべきものであろう。

　報告書は、「行政部門の考え方では、活動の中心が行政とされてきたものであっても、これからは、主体的に活動する県民が推進役となっていくべき」であるが、ＮＰＯは滋賀県では期待に比して「活動基盤が弱く、組織体制もまだまだ不十分」と捉えている。「事業は大量にこなしていても、ＮＰＯとしての市民性や活動の社会性の点で、また、その使命（ミッション）の達成という観点からも、必ずしも目的達成に向かうことができていない」。「その資金のあり方や運営のあり方についても問題点が多く、今後の活動展開に大きな影響を与える」と予想され、このために、「滋賀県全体でＮＰＯ活動の底上げをし、ＮＰＯに対する資金の循環を考えなければならない」し、「ＮＰＯ自身もマネジメントのノウハウももつべきだ」と指摘して、時代の要請に応えてＮＰＯの克服すべき課題をあげている。

　一方で県行政側の組織や職員意識の問題についても検討されている。県の行政組織が、「上意下達式の縦割り組織」であるために、「協働の現場での硬直的な運用」や、「現場の経験が継承されにくい人事異動」などが行われ、「重要な政策決定や予算編成」において、協働関係をよりよく進めることにならない構造的な問題があるとしている。

　さらに県行政において、組織を担うのは

個々の職員である。「職員として協働への理解が定着し、協働を進める職員の意識風土が形成されなければ、本当の意味での県民と行政との協働はなかなか実現しない」。「形だけの協働」であったり、従来の外郭団体などと同じように、単なる「事業の下請け団体」としてＮＰＯを扱い、「コスト削減のために、アウトソーシングとして協働を理解」することになりかねない実態のあることが指摘される。そのうえで、協働のための具体的な課題として、ルールと仕組みづくりの必要性が詳細に取り上げられている。市民との協働の一方の担い手として、まず行政において自らを高めるテキストとして使用される必要がある。

ガバナンス
―地域は誰のものか―

近年「ガバナンス（統治）」が地域再生と結び付けて関心を集めるようになってきた（岩崎・矢澤、２００６）。変わりはじめた地方・地域を映し出す言葉であり、自立と協働をめざす新しい市民社会への高まる期待がそこにはある。しかしその期待には、もう一方にガバメント（行政府）の自律が不可欠で、期待はそれによって裏打ちされる必要がある。ＮＰＯ活動の質量の拡大が求められるこの先、とりわけ見逃されてはならない。森や川や湖が私たちの暮らしから遠のき、地域の関係が希薄になったのは何故だろう。自治を吸い上げ、私たち市民を遠ざけてしまった行政にも問題があった。このことが問われなくてはならない。

ガバナンスとガバメントは近い言葉でありまぎらわしい。ガバメントが統治を担う制度として行政府をさす言葉であり、これに対してガバナンスは、ガバメントが依拠する統治主体のありようそのものを表しており、市民による、市民のための、市民の統治である。地域社会のガバナンスはそれ故に、「地域は誰のものか」を問うている。地域社会のガバナンスは、地域をかたちづくる多様な構成者の意思に基づいて、統治を成就させる社会過程である。

ＮＰＯ活動の制度化とその橋渡しを担うセンター

崩れる自然、進む少子高齢化、減らない自治体の借金、地域が抱える課題はますます重くなっている。私たちはこうした課題を高速道路や新幹線に象徴される「これまでの公共」に替えて「新しい公共」として社会的な文脈に置きなおす必要に迫られている。

そもそも地域社会の構造化はどのように捉えられるのだろう。地域には、地域社会全体の価値実現に関わる課題達成と、地域社会の個々の生活者が自らの生活要求を充足する課題がある。これら双方の課題達成が相互に補い合う関係にあることが大切で、社会は自らの構造をそうした状態に近づけていく必要があり、市民社会のめざす新しいかたち、構造化がここにある。

全体の価値実現だけが強調されれば、地域社会は全体主義に傾斜し、反対に地域社会の生活者の要求充足ばかりが強調されるなら利己主義に傾斜して、地域社会は何れのかたちでも暮らしづらくなる。バランスよく双方の課題が解決されることが大切なのである。地域社会全体に関わる価値実現と地域の生活者の生活要求の双方の課題解決を結びつける役割を、様々な市民組織の活動が担う。さらに市民組織の活動を行政へ橋渡し、制度へと高めて一般化していく。市民、ＮＰＯ、センター、行政がそれぞれに担う役割である。

新しい市民社会のかたちはもうそこに見えている。私たちの生活要求が高速道路や新幹線の建設に象徴されるような公共よって満たされる時代はもはや終わりである。古い言葉であるけれども「ゆりかごから墓場まで」、まっとうな暮らしのできることこそ私たち市民としての生活要求であり、共に満たされる「新しい公共」の地平は、制度としての協働のもとに広がる。

参考文献

岩崎信彦、矢澤澄子監修（２００６）『地域社会の政策とガバナンス』地域社会学講座３、東信堂。

北村裕明（２０００）『現代社会と非営利組織』㈶淡海文化振興財団。

しが協働モデル研究会（２００５）『しが協働モデル研究会報告書』。

内藤正明（２００６）「特集①滋賀をモデルに持続可能な社会像を描く—２０３０年、自然と共生する滋賀の将来像—」『Ｍ・Ｏ・Ｈ通信』13号。

まるごと淡海編集委員会（１９９８）『まるごと淡海—淡海の新時代を考える—』サンライズ出版。

第2部

淡海ネットワークセンター10年のあゆみ

- 淡海ネットワークセンター設立の経緯とあゆみ
- こぼれ話
- 資料編

淡海ネットワークセンター設立の経緯とあゆみ

滋賀大学経済学部教授　北村　裕明

北村裕明（きたむらひろあき）
プロフィールは80ページ参照

滋賀県内におけるボランティア・市民活動を支援する組織として淡海ネットワークセンター（淡海文化振興財団）が設立されたのは、1997年4月のことであった。

設立に至った第1の要因は、ボランティア・市民活動の広がりである。とりわけ、阪神淡路大震災を契機としたボランティア・市民活動の高まりは、多くの人々に地域社会を運営するにあたってのボランティア・市民活動の重要性と有効性を認識させた。第2は、80年代後半以降、滋賀県で取り組まれてきた「新しい淡海文化の創造」という施策の展開である。この施策では、地域における人づくりが重要な柱と位置づけられ、淡海ネットワークセンターの設立は、「新しい淡海文化の創造」の総括的な事業となった。

センターは、当初より5つの事業を柱に活動してきた。すなわち、①情報提供事業、②交流事業、③活動活性化事業、④人材育成事業、⑤地域創造・夢応援事業である。さらに、こうした事業を行うにあたっての留意すべき課題として、①優先順位の明確化、②市民活動の裾野を広げ社会的地位を高める、③人づくりのネットワークを広げる、④活動資金の助成、⑤地域の事業者と市民団体との連携を掲げ、「市民活動で困ったら淡海ネットワークセンターへ」という評価を得られるようになることを目標に活動を行ってきた。

この10年間の活動で、どのような成果を成し遂げたのであろうか。

情報交流誌『おうみネット』は、２００７年度末で62号を数えることができた。当初より編集ボランティア等市民の参加の下で編集作業を行い、滋賀県内における市民活動の情報交流の中心的なメディアとなっている。市民活動の交流を目的とした「おうみ市民活動屋台村」は、県内各地で持ち回り開催する方向で発展し、それぞれの地域での市民活動発展の契機となっている。各種の講座やフォーラムは、適切で有益な情報を県内に提供することに役立ってきた。地味ではあるが、ＮＰＯ法人の設立等相談業務も着実に担当してきた。こうした事業を通して、おうみの市民活動の基盤を整備してきたのである。

とりわけ、「おうみ未来塾」と「おうみＮＰＯ活動基金」は、センターの機能を大きく高めたという点で重要である。人材育成事業としての「おうみ未来塾」は、１９９９年に第１期生を迎え、２００８年に第10期生を迎えることになる。地域プロデューサーの養成という理念を明確に掲げ、独自の学習教育システムを開発し、優れた人材を市民活動の場に送り出しているという点で、全国的にも高く評価されている。滋賀県からの助成を基礎に２００２年に発足した「おうみＮＰＯ活動基金」は、企業や市民からの協力を得つつ、おうみの市民活動を発展させ、市民の地域創造の夢を実現するとともに、優れた実践を地域で定着させることに貢献してきたのである。

センター設立後10年を経過して、市民活動も急速に発展してきたし、市民活動を支える制度も整備されてきた。ＮＰＯ法人認証数は、２００７年末で全国３万３千団体、滋賀県３７６団体を数えるまでになった。市民活動を支える制度としては、ＮＰＯ法や公益法人改革関連法等の法制度、各種の補助金助成金制度、多くの自治体でのＮＰＯ支援事業、都道府県のみならず市町村レベルでの市民活動支援センターの設立等である。こうした市民活動の急速な展開と、それを支える制度の整備をふまえて、全県レベルの支援センターの役割を改めて考え直す必要があるといえよう。

情報の提供、交流、人材育成、資金助成は依然として支援センターの活動の柱となろう。県内の市町村市民活動支援センターとの交流と協働も重要となっている。

今後さらに重視すべき課題として、以下の３点を指摘することができる。第１は、市民活動が地域のガバナンスを強化する方向での支援である。第２は、市民活動およびＮＰＯのマネジメント能力を高める方向での支援である。第３は、市民活動から市民事業へと発展できる事業の展開である。センターで２００７年度から開始されたおうみ市民事業創出支援プロジェクトは、そうした方向を目指した事業として重要である。

淡海ネットワークセンターの10年のあゆみが、滋賀県において市民活動の基盤整備を進めてきたとすれば、それをベースにして、市民活動が滋賀県という地域をかえることに本格的に寄与できるような状況を作り出すことが必要であろう。支援センターとしての基本的課題に応えつつ、そうした課題に対応できるような支援活動が淡海ネットワークセンターに求められているのである。

こぼれ話

〔淡海ネットワークセンター設立〕

市民参加とネットワーク形成

市民活動・NPOコーディネーター
阿部　圭宏

淡海ネットワークセンターの設立は、実は、滋賀県にとって大きな実験だったような気がする。設立のきっかけは、稲葉知事（当時）が提唱した「新しい淡海文化の創造」であるが、市民の自発的な活動を下支えしていくためのセンターとして構想された。このセンター構想を実現するため、当時、行政としてはあまり重要視されなかった「市民参加」型を模索してきた。具体的には、市民活動団体等へのアンケート・ヒアリング、検討会議による検討、センター構想経過をニュースレターでお知らせするなどを行った。

平成9年（1997）に県の外郭団体としてセンターが立ち上がると、いかに市民に開かれた運営を行い市民の信頼を得るかが大きな課題であった。センターは財団法人のため、理事会と評議員会という意思決定機関を持っているが、実際はなかなか機能しないため、これとは別に10名からなる運営会議を設置し、センターの運営や事業に関する意見を求めた。運営会議からは、センターの根幹を形づくる提言や意見が数多く出された。

設立当初に運営会議で議論されたことを思い出してみると、いくつかの大きなエポックがあった。1つは、今われわれが平気で使っている「市民活動」という言葉についてである。職員が県から派遣されていたこともあり、「市民活動」という言葉を使えず、「県民活動」という言葉でお茶を濁していたが、「市民活動」に込めた価値観を普及するためにも、市民活動を積極的に使っていくべきだと言われ、これ以降、堂々と市民活動を使えるようになったことだ。2つは、センターの財産として、センターで行った講座などの事業成果をブックレットにまとめ、シリーズ化してはという提言である。これを受け、淡海ネットワークセンターブックレットが刊行されている。3つは、サポートするスタッフについてである。県から派遣されたスタッフには、サポートするノウハウや市民活動とのネットワークがないので、県内外を問わず、いろんな人と出会い、その人のスキルを学び活かす。また、そうしたネットワークを通じたサポート体制の確立を図るということであった。特に、ネットワークづくりは、センター運営の大きな柱になっていた。

最後に、忘れられないこととして、設立記念フォーラムのことにふれたい。センターは場所の提供をメインとしていないため、県内各地で事業を実施してきたが、その最初が米原市の文化産業交流会館で開催した設立記念フォーラムである。運営会議からは、人寄せのための有名人を呼ぶのではなく、県内の市民活動の事例報告を入れたり、運営委員も役割分担して参加するような企画提案をいただいた。フォーラムに参加する市民活動団体には、パンフレットやチラシを持参してもらって参加者のネットワークを広げ、フォーラム終了後の交流会では、地元の団体に進行をしていただいたりと、まさに参加とネットワークを広げていくきっかけづくりのフォーラムになった。

こうした市民参加やネットワークづくりには手間がかかり、面倒くさいということもあるが、特に市民活動のサポートという面からは重要な視点だと考えられ、そうした仕組みをセンター設立初期段階で取り入れられたことが、センターの信頼につながったのだと思われる。

阿部圭宏（あべよしひろ）
市民活動・ＮＰＯコーディネーター。特定非営利活動法人「市民がささえる市民活動ネットワーク滋賀」（通称：ＮＰＯ市民熱人）代表。滋賀県職員として淡海ネットワークセンターの立ち上げに関わり、２００３年３月までセンターのスタッフとして各種事業を担当した。淡海ネットワークセンター第５期運営会議委員。

［おうみＮＰＯ活動基金］

委員の煩悩、多志協助

おうみＮＰＯ活動基金運営委員
松田　弘

委員の手当の一部をＮＰＯのために寄付したい。ＮＰＯ活動基金サポート委員会（当時の名称）での私の提案は今も継続している「個人寄付金」の由来である。企業等ではこのような個人寄付は「端数クラブ」とか「マッチングギフト」の名称で今も採用されている。その後個人寄付金に賛同する有志が増えていることは嬉しい。

基金発足後まもなくして企業・団体からの社会貢献寄付金も実現、我が意を得たと一人ほくそえんでいるのは小生の傲慢だろうか。

12年前に企業・団体の社会貢献ネット「淡海フィランスロピーネット」発足誕生の発起人として県下の企業・団体に社会貢献の呼びかけをしているが、私どもの会員からもこの基金に寄付をした会員がふえており、今では淡海ネットワークセンターと淡海フィランスロピーネット双方の交流も盛んだ。

　さて、6年前に第1回委員会の開始が30分遅れたことが発端で、委員会の定刻開催の厳守、会議は主催者と参加者の共同責任と義務であるとの発言をしたのが昨日のような出来事である。今頃若気のいたりとお詫びしているのだが、委員のなかでは小生が年配者だから若気ではなく老いのたわごととしたい。委員会の運営は今も事務局には大変な負担をかけているが、委員会発足時は事前配付資料を委員会当日に改めて説明は不要とか、提言（苦言）したこともあり思い出深い出来事である。

　しかし、NPOや市民活動の皆様への助成金審査は大変。熱心な志に深く感銘しながらも、県民と寄付金スポンサーによる限りある財源であるため、応募案件の全てを採択できない。私見を述べるとしたら、期限を守る、基準を守る、申請内容が真摯なものであるかどうかが重要なのだが、そうでない案件があるのが残念だ。

　その後、助成事業の報告会などで助成NPOや団体の元気な活動を拝聴して心をうたれ思わず激励の言葉をかわすことで基金運営委員冥利に感謝し、保護者のような応援団心境をも満喫している昨今である。多くの志に協助したいのが本音だ。煩悩は今もつづく。

松田　弘（まつだひろし）

　淡海フィランスロピーネット顧問。2002年の「おうみNPO活動基金」設置以来、基金運営委員として、助成団体の決定やサポート等、基金の運営全般に関わっている。淡海ネットワークセンター第1期・第5期運営会議委員。

［おうみ未来塾］

素晴らしい未来につなげる「おうみ未来塾」

おうみ未来塾第1期生
おうみ未来塾運営委員
澤　孝彦

『みらいへ』。これは、おうみ未来塾第1期生の活動記録報告書につけられたタイトルである。2年間のおうみ未来塾を終えた第1期生25人それぞれの新しい旅立ちへの思いと滋賀の新しい地域づくりへの願いが、この「みらいへ」という4文字のタイトルに一杯詰まっている。

　平成11年（1999）6月13日に県民交流センターでおうみ未来塾の開講式が行われた。21世紀という新しい時代を迎える時に、何か自分自身も新しい気持ちになってスタートしたいと思ったのが、この塾に応募した一番の動機であった。時間に追われながらの2年間の塾はあっという間に過ぎた。塾の1年目は、講義や視察研修などが行われ、2年目は、それぞれに決めたテーマごとにグループ研究活動が行われた。私が参加した環境グループ「セブン・ドロップス（7人のしずく）」は、環境の中でも「水」という目で見えるものに対して、人々がどういう環境への配慮で手を結べるようになるのか、それを「環境を切り口にした地域づくり」に結び付けていくことを目的に活動を進めた。そして、地域の人々が毎日の暮らしの中でおこる身近な環境問題についての気づきをもってもらう手法として、環境創作狂言を作り公演を行っていくことになった。

　このグループ研究で誕生した「セブン・ドロップス」の活動は、卒塾してから今も続けている。継続は力なりとよく言われるが、続けていくことは、たいへんエネルギーがいるものである。このエネルギーは、一人だけではとても出てこない。やはり、一つの思いをみんなで共有しながら、よく話し合いながらみんなで進めていくことの大切さを感じる。このプロセスが、メンバー一人ひとりの元気に、またチカラになっていくのだと思う。

　おうみ未来塾は、今年10期生を迎える。卒塾生もたくさんになった。淡海ネットワークセンターの10周年を機に、今後ますます塾生同士の連携が深まり、各地域の素晴らしい『みらい』をみんなで創っていきたいものである。

澤　孝彦（さわたかひこ）
　おうみ未来塾第1期生。未来塾のグループ活動として結成した「セブン・ドロップス」の活動を続けている。また、おうみ未来塾運営委員として、現在も未来塾の運営に関わっている。淡海ネットワークセンター第3期運営会議委員。

［情報交流誌「おうみネット」］

「おうみネット」の10年

編集ボランティア
大山 純子

私が編集ボランティアに参加した当時、ピアザ淡海はまだ建設中だった。担当職員の福田さんや阿部さんには編集方針がきちんとあったと思うが、好き勝手な意見もテーブルにのせてもらえ、みんなで作っていこうというフラットさがここちよかった。

創刊号の表紙は若い女性と犬のイラストで、回を重ねるにつれ、登場人物も犬も増えていくというストーリー性と遊びのある楽しいものだったが、キャラクターの「ネットちゃん」は現在の「ＢＩＷＡ　ＣＨＡＮ」ほど愛されず、すぐに消えてしまった。

ＮＰＯという言葉が市民権を得だしたのは、平成10年（１９９８）大阪で開催されたＮＰＯ関西フォーラムの報告を特集した7号あたりからだ。体験レポーターとして参加でき、私もＮＰＯの何たるかを知るきっかけになった。いまでは関西ＮＰＯ界の重鎮の方たちが、会場で事例発表されていた。わずか10年前のこととは思えない。

ＮＰＯの紹介は編集ボランティアが担当し、あちこち取材にでかけた。なぜか真冬に山東町の蛍博士の取材に行ったこともある。朝から冷え込んで寒く、近江長岡に着くと雪が驚くほど積もり、蛍博士は家の前の雪掻きをされていた。同行の草津在住のカメラマンは湖北の雪を知らず、彼の革靴は一歩一歩深い雪の中にめり込んだ。一面の銀世界の中で聞いた蛍の話とともに忘れられない思い出である。

誌面ではＮＰＯの法人化や法制度の解説、専門家への取材や先進事例の紹介、ＮＰＯの課題などの特集記事が組まれ、「おうみネット」がテキストだという人は多い。また、掲載されてメンバーのやる気が出た、続けていく気になった（やめられなくなった）という声も聞く。この10年間、様々なＮＰＯの活動や助成金、企業の社会貢献活動などの情報を提供し、活動の広がりやネットワークを育てた役割は大きい。

ホームページやメルマガなど情報を得る手段は増えても、「おうみネット」は依然として淡海ネットワークセンターの顔であり、情報誌の発信する力は変わりなく続くと思っている。紙は意外に重いものなのだ。

大山純子（おおやまじゅんこ）

フリーライター。団塊世代。東京生まれの大阪育ち。高校時代、自治会機関紙を担当し、新聞づくりのおもしろさを知る。結婚後、彦根に移り住み、地域のタウン紙「まいふれんど」などの編集ライターとして活動。1998年から「おうみネット」編集ボランティア。

［おうみ市民活動屋台村］

「おうみ市民活動屋台村」から「たかしま市民活動屋台村」へ

マキノまちづくりネットワークセンター
藤原　久代

平成12年（2000）のマキノまちづくりネットワークセンター設立を機に、右も左も分からないまま「市民活動」というものに関わり、以来今日まで、常に目指すべき先には「淡海ネットワークセンター」があり、講座や事業等に参加する度、多くのことを学ばせてもらったように思う。

当初ピアザ淡海で開催されていた「おうみ市民活動屋台村」では、参加者として、会場内の展示や体験のブースを回りながら、多くの団体の活動に触れ、人に触れ、また、自身の地域の市民活動の現状と比較して一喜一憂したものである。

その後、「おうみ市民活動屋台村」が平成16年（2004）に守山で開催され、翌年に彦根での開催が決定したころから「高島で屋台村を開催したい！」と密かな野望が芽生えだした。早速、実行委員に申し込み、企画から開催に至るまでを実行委員会（マキノから彦根まで駆けつける）に参加しながら〝じっくり〟と学んだ。

まだまだ発展途上にある高島の市民活動の活性化や周知に繋がればとの願いが叶って、平成18年（２００６）は高島での「おうみ市民活動屋台村」開催が決定した。いざ開催が決定すると、参加団体は集まるのだろうか、交通の便の良くない会場に来場者はあるだろうかと、次々と不安が過ぎったが、淡海ネットワークセンターの皆さんのリードと実行委員会の協力を得て、実り多い屋台村を開催することができた。

そして、平成19年（２００７）には、今までの屋台村での学びや経験を生かし、育ちつつある高島の市民活動が集結し、市域の「たかしま市民活動屋台村」を無事開催することができた。会場では、あちこちで団体相互の交流の輪が広がり、後のイベントや事業へと繋がった。また、「屋台村」を共に作り上げていく過程で、それまで同じ地域に暮らしていても関わりを持つことのなかった人々が出会い、そして新たな関係の構築のきっかけとなった。

このように「おうみ市民活動屋台村」や「淡海ネットワークセンター」との出会いや関わりが多くの市民活動団体を育んできたと思う。今後も滋賀の市民活動の拠り所として、ネットワークの中心として、存在し続けて欲しい。そして私はといえば、今後開催される「おうみ市民活動屋台村」にも学びの場として積極的に参画し、ネットワークを広げ、今後の活動に生かしていきたい。

藤原久代（ふじわらひさよ）

マキノまちづくりネットワークセンター事務局。２００５年に開催した「おうみ市民活動フォーラム in ひこね」および２００６年に開催した「おうみ市民活動屋台村きゃんせ。たかしま。」では実行委員を務めた。淡海ネットワークセンター第５期運営会議委員。

資料編

市民活動関連年表

年	月	全国・滋賀県（●が滋賀県）	淡海ネットワークセンター
1980年	7月	●滋賀県琵琶湖の富栄養化の防止に関する条例（琵琶湖条例）施行	
1985年	7月	●ふるさと滋賀の風景を守り育てる条例（風景条例）施行	
1987年	10月	国際協力NGOセンター設立	
	11月	●抱きしめてBIWAKO　実施	
1989年	4月	外務省がNGO事業補助金制度開始	
	12月	●稲葉稔知事が「新しい淡海文化の創造」を提唱	
1990年	2月	企業メセナ協議会設立	
	6月	●「淡海文化を考える懇話会」設置	
	11月	経団連が1％クラブを設立	
1991年	1月	郵政省が「国際ボランティア貯金」開始	
1993年	6月	●「淡海文化推進懇談会」設置	
1994年	3月	●「新しい淡海文化の創造に向けた県行政推進の基本方針」策定	
1995年	1月	阪神・淡路大震災が起こる ●（仮称）淡海文化推進サポートセンターの設立を提言	

1996年	2月	●「(仮称)淡海文化推進サポートセンター設立調査」報告	
	3月	●淡海フィランスロピーネット設立	
	5月	●「(仮称)淡海文化推進サポートセンター検討会議」設置	
	11月	日本NPOセンター設立	
1997年	2月	●「淡海文化県民フォーラム」開催	
	4月		㈶淡海文化振興財団（愛称：淡海ネットワークセンター）設立
	8月		情報交流誌「おうみネット」発行
	9月		「設立記念フォーラム」開催
	11月		第1回「わくわく市民活動ゼミナール」開催
	12月	京都議定書採択	
1998年	3月		第1回「おうみ市民活動交流会」開催
	4月		ホームページ開設
	6月	●草津コミュニティー支援センター設立	
	12月	NPO法施行	
1999年	4月		「ピアザ淡海」2階に移転
	6月		「おうみ未来塾」開塾
	8月	NPO議員連盟結成	
	9月		第1回「おうみ市民活動屋台村」開催

年	月	全国・滋賀県（滋賀県は●）	淡海ネットワークセンター
2000年	4月	地方分権一括法施行 介護保険制度開始	
	9月	●マキノまちづくりネットワークセンター設立	
	11月	●「ＮＰＯ議員連盟フオーラム」が草津市で開催される	「ＮＰＯ議員連盟フォーラム」開催協力
2001年	1月	●「湖国21世紀記念事業」開催（〜12月）	
	10月	認定ＮＰＯ法人制度施行	
2002年	4月	改正認定ＮＰＯ法人制度施行（第1回改正） 小中学校で完全週5日制、総合的な学習の時間開始 ●おうみＮＰＯ政策ネットワーク設立 ●ひこね市民活動センター設立	
	6月		メールマガジン配信開始
	7月	●草津市立まちづくりセンター設立	
	9月		「おうみＮＰＯ活動基金助成事業」開始
2003年	4月	改正認定ＮＰＯ法人制度施行（第2回改正） ●栗東市ボランティア・市民活動センター設立	
	5月	改正ＮＰＯ法施行 個人情報保護法施行	
	9月	指定管理者制度開始 ●東近江ＮＰＯセンター設立	
2004年	4月		「ＮＰＯサポート事業」開始
	5月	●守山市民交流センター設立	

2005年	7月		市民活動支援センターとの意見交換会　開始
	4月	改正認定ＮＰＯ法人制度施行（第3回改正）	
	9月		「おうみＮＰＯ活動基金助成事業」に、協働事業助成とＮＰＯ活動支援機能助成を追加
2006年	3月		「ＮＰＯミニ講座」開始（毎月第2・第4金曜日）
	4月	改正認定ＮＰＯ法人制度施行（第4回改正） 障害者自立支援法施行 ●大津市市民活動センター設立	
	5月	新会社法施行	
	9月		「活動団体ネットワーキング促進事業」開始
2007年	3月		「企業・ＮＰＯ連携促進事業」開始
	4月		「おうみ市民事業創出支援プロジェクト」開始
	6月		「10周年記念フォーラム」開催
	7月		「市民事業化連続講座（全4回）」開始
	9月		「おうみＮＰＯ活動基金助成事業」に、まち普請事業助成を追加
	10月	●野洲市まちづくり協働推進センター設立	
	12月		10周年記念事業「現場で学ぶ！おうみ市民活動楽宿」開催

特定非営利活動法人認証数

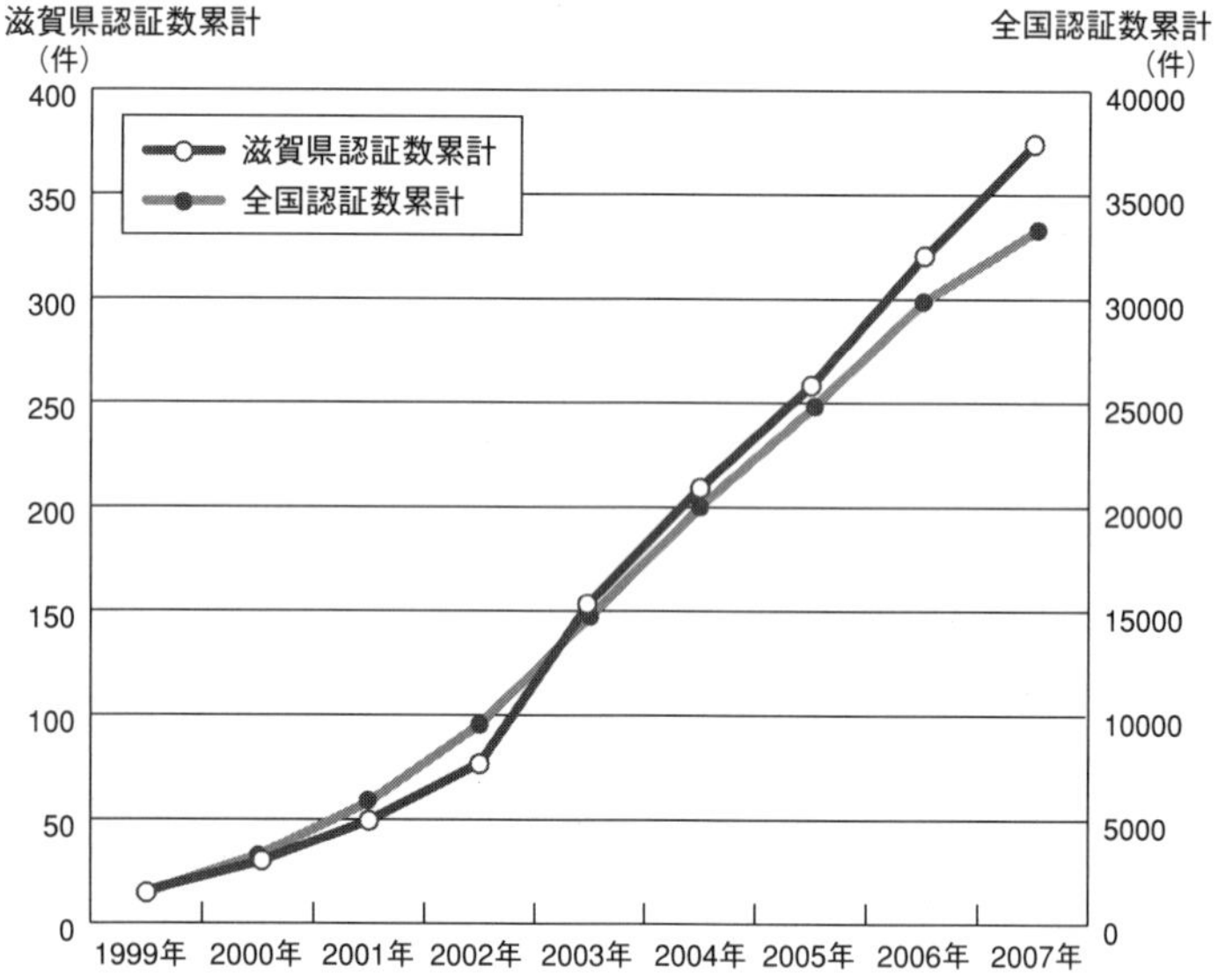
滋賀県認証数累計
（件）
全国認証数累計
（件）
滋賀県認証数累計
全国認証数累計
400
350
300
250
200
150
100
50
0
40000
35000
30000
25000
20000
15000
10000
5000
0
1999年
2000年
2001年
2002年
2003年
2004年
2005年
2006年
2007年

淡海ネットワークセンター10年の記録

淡海ネットワークセンター（「財団法人淡海文化振興財団」の愛称）は、様々な分野における県民の自主的で営利を目的としない社会的活動を支援することにより、地域の個性や魅力を高め、よりよい地域社会を実現するために、滋賀県および県内市町村の基金拠出により、1997年４月１日に設立された。

設立以来、市民活動団体・NPOを総合的に支援する県域のセンターとして、情報提供、組織運営サポート、ネットワーク促進、人材育成、組織基盤強化のための助成等の事業を行ってきた。

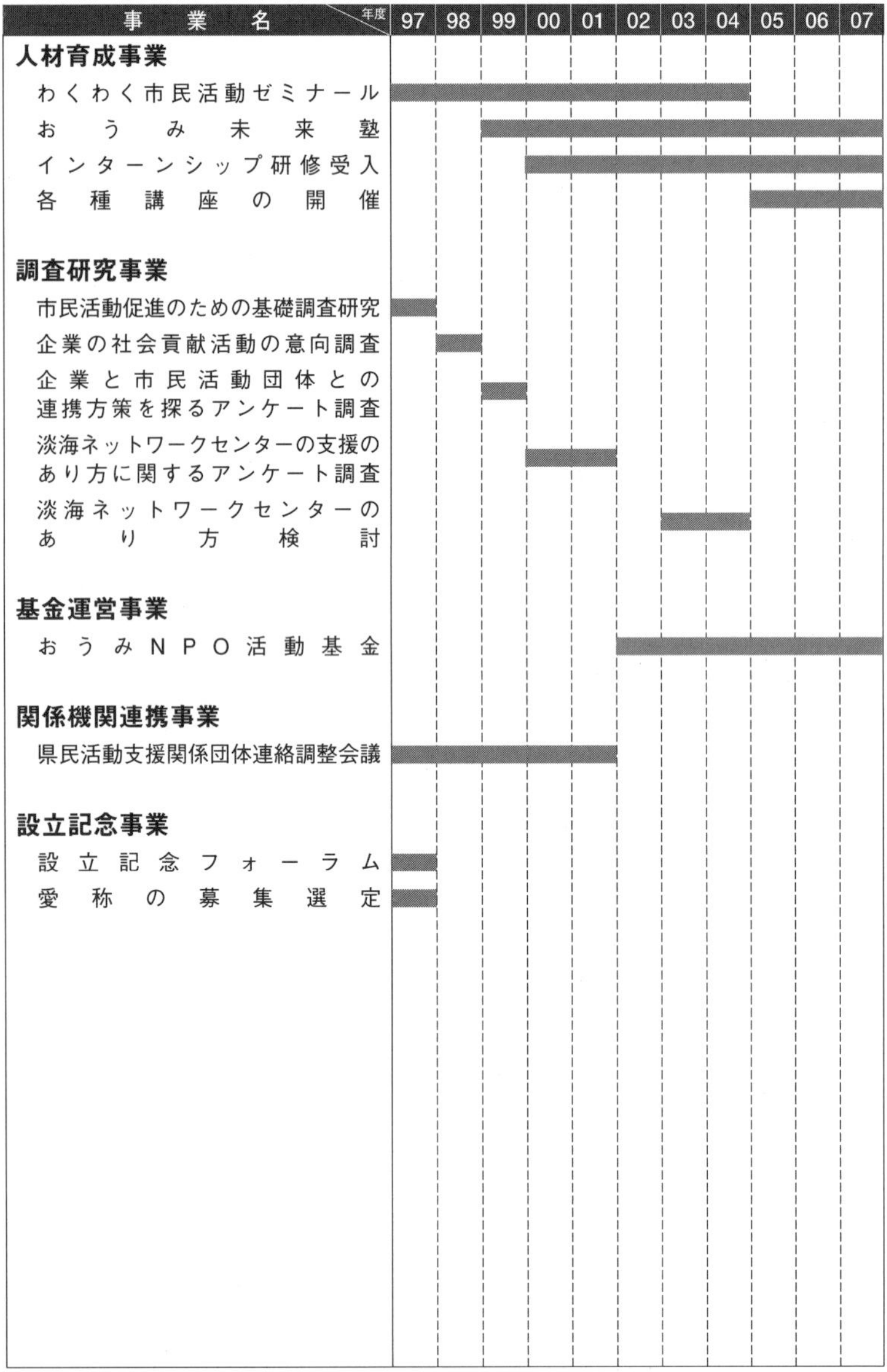
事　業　名
年度
97
98
99
00
01
02
03
04
05
06
07
人材育成事業
わくわく市民活動ゼミナール
おうみ未来塾
インターンシップ研修受入
各種講座の開催
調査研究事業
市民活動促進のための基礎調査研究
企業の社会貢献活動の意向調査
企業と市民活動団体との連携方策を探るアンケート調査
淡海ネットワークセンターの支援のあり方に関するアンケート調査
淡海ネットワークセンターのあり方検討
基金運営事業
おうみNPO活動基金
関係機関連携事業
県民活動支援関係団体連絡調整会議
設立記念事業
設立記念フォーラム
愛称の募集選定

淡海ネットワークセンターの年度別事業経過

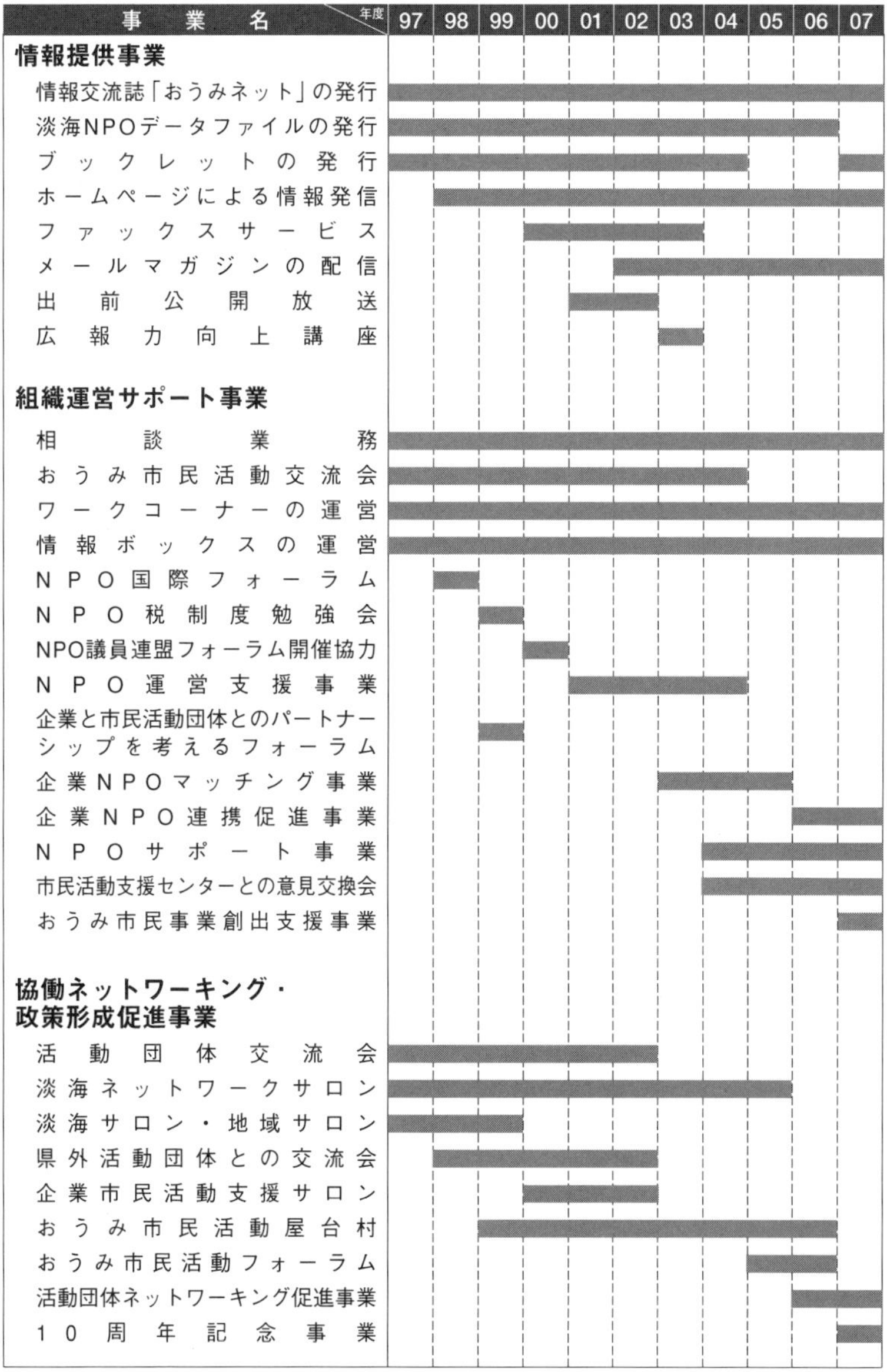
事業名
年度
97
98
99
00
01
02
03
04
05
06
07
情報提供事業
情報交流誌「おうみネット」の発行
淡海NPOデータファイルの発行
ブックレットの発行
ホームページによる情報発信
ファックスサービス
メールマガジンの配信
出前公開放送
広報力向上講座
組織運営サポート事業
相談業務
おうみ市民活動交流会
ワークコーナーの運営
情報ボックスの運営
NPO国際フォーラム
NPO税制度勉強会
NPO議員連盟フォーラム開催協力
NPO運営支援事業
企業と市民活動団体とのパートナーシップを考えるフォーラム
企業NPOマッチング事業
企業NPO連携促進事業
NPOサポート事業
市民活動支援センターとの意見交換会
おうみ市民事業創出支援事業
協働ネットワーキング・政策形成促進事業
活動団体交流会
淡海ネットワークサロン
淡海サロン・地域サロン
県外活動団体との交流会
企業市民活動支援サロン
おうみ市民活動屋台村
おうみ市民活動フォーラム
活動団体ネットワーキング促進事業
10周年記念事業

淡海ネットワークセンターの年度別事業実績　（●新規　☆拡充）

1997（平成9）年度実績

①情報提供事業

◎情報交流誌『おうみネット』の発行
（発行回数：4回　発行部数：1万部／回）

◎『淡海NPOデータファイル』の発行
（掲載団体数：533　発行部数：900部）

◎『ブックレット』の発行
（発行数：4号　発行部数：各600部）

②交流事業

◎【活動団体交流会】の開催
（開催回数：3回　参加者数：延べ143名）

◎【淡海ネットワークサロン】の開催
タイムリーな話題をゲストを交えて意見交換
（開催回数：3回）

◎【淡海サロン】の開催
新しいグループづくりの最初の一歩を支援する
（支援数：11グループ）

③活動活性化事業

◎相談業務（相談件数：202件）

◎【おうみ市民活動交流会】の開催
テーマ：これからのNPO経営
（3月15日　野洲町　参加者数：150名）

◎ワークコーナーの運営
（ワーク：207件　会議室貸出：90件）

◎情報ボックスの運営
（利用団体数：62団体）

④人材育成事業

◎【わくわく市民活動ゼミナール】の開催
（開催回数：3回　参加者数：延べ158名）

⑤調査・研究事業

◎【市民活動促進のための基礎調査・研究】の実施

⑥関係機関連携事業

◎【県民活動支援関係団体連絡調整会議】の設置・開催
（開催回数：1回　構成団体（機関）：7団体）
県立女性センター　㈶滋賀県国際協会　㈶滋賀総合研究所
㈶淡海環境保全財団　（社福）社会福祉協議会
㈶レイカディア振興財団　㈶淡海文化振興財団

⑦設立記念事業

◎【設立記念フォーラム】の開催
テーマ：私たちがひらくこれからの地域社会
—新しいパートナーシップを考える—
（9月13日　米原町　参加者数：270名）

◎【愛称の募集・選定】
（応募総数：220点）
『淡海ネットワークセンター』に決定

1998（平成10）年度実績

①情報提供事業

☆ 情報交流誌『おうみネット』の発行
（発行回数：6回　発行部数：1万部／回）

◎『淡海NPOデータファイル』の発行
（掲載団体数：602　発行部数：950部）

◎『ブックレット』の発行
（発行数：3号　発行部数：各700部）

● ホームページによる情報発信
（アクセス総数：4300件）

②交流事業

◎【活動団体交流会】の開催
（開催回数：1回　参加者数：40名）

◎【淡海ネットワークサロン】の開催
市民活動団体等との共催による特定テーマのサロン
（開催回数：8回）

◎【地域サロン】の開催
新しいグループづくりの最初の一歩を支援する
（支援数：17グループ）

●【県外活動団体との交流会】の開催
（11月21日～22日　三重県名張市　参加者数：35名）

③活動活性化事業

◎ 相談業務　（相談件数：156件）

◎【おうみ市民活動交流会】の開催
テーマ：市民・企業・行政のパートナーシップを求めて
（3月6日　草津市　参加者数：110名）

◎ ワークコーナーの運営
（ワーク：374件　会議室貸出：127件）

◎ 情報ボックスの運営
（利用団体数：80団体）

●【NPO国際フォーラム】の開催
（12月1日　大津市　参加者数：70名）

④人材育成事業

◎【わくわく市民活動ゼミナール】の開催
（開催回数：5回　参加者数：延べ201名）

⑤調査・研究事業

●【企業の社会貢献活動の意向調査】の実施
（調査対象企業：約1500社）

⑥関係機関連携事業

◎【県民活動支援関係団体連絡調整会議】の開催
（開催回数：1回　構成団体（機関）：7団体）
県立女性センター　㈶滋賀県国際協会　㈶滋賀総合研究所
㈶淡海環境保全財団　(社福)社会福祉協議会
㈶レイカディア振興財団　㈶淡海文化振興財団

1999（平成11）年度実績

①情報提供事業

◎情報交流誌『おうみネット』の発行
（発行回数：6回　発行部数：1万部／回）

◎『淡海NPOデータファイル』の発行
（掲載団体数：614　発行部数：1000部）

◎『ブックレット』の発行
（発行数：3号　発行部数：各700部）

☆ホームページによる情報発信
（アクセス総数：7700件　リニューアル）

②交流事業

◎【活動団体交流会】の開催
（開催回数：1回　参加数：11団体27名）

◎【淡海ネットワークサロン】の開催
訪問サロンおよび市民活動団体等との共催による特定テーマのサロン
（開催回数：10回）

◎【地域サロン】の開催
新しいグループづくりの最初の一歩を支援する
（支援数：8グループ）

◎【県外活動団体との交流会】の開催
（11月6日〜7日　福井県鯖江市　参加者数：35名）

●【企業と市民活動団体とのパートナーシップを考えるフォーラム】の開催
テーマ：私たちはそこの市民でありたい
（1月20日　大津市　参加者数：70名）

●【おうみ市民活動屋台村】の開催
テーマ：〝おいしいこと〟探そう
（9月19日　大津市　参加者数：110団体　3500名）

③活動活性化事業

◎相談業務
（相談件数：156件）

◎【おうみ市民活動交流会】の開催
テーマ：人も元気、活動も元気、地域も元気
（3月5日　近江八幡市　参加者数：140名）

◎ワークコーナーの運営
（928件）

◎情報ボックスの運営（利用団体数：114団体）

●【NPO「税」制度勉強会】の開催
（3月22日　大津市　参加者数：46名）

④人材育成事業

◎【わくわく市民活動ゼミナール】の開催
（開催回数：5回　参加者数：延べ180名）

●【おうみ未来塾】の開催・運営
（塾生：26名　入塾式：6月13日　期間2年）

⑤調査・研究事業

●【企業と市民活動団体との連携方策を探るアンケート調査（市民団体対象）】の実施
（331団体を対象　103団体から回答）

⑥関係機関連携事業

◎【県民活動支援関係団体連絡調整会議】の開催
（開催回数：1回　構成団体（機関）：7団体）
県立女性センター　㈶滋賀県国際協会　㈶滋賀総合研究所
㈶淡海環境保全財団　（社福）社会福祉協議会
㈶レイカディア振興財団　㈶淡海文化振興財団

2000（平成12）年度実績

①情報提供事業

◎情報交流誌『おうみネット』の発行
（発行回数：6回　発行部数：1万1500部／回）

◎『淡海NPOデータファイル』の発行
（追補版　掲載団体数：103団体　発行部数：400部）

◎『ブックレット』の発行
（発行数：4号　発行部数：各700部）

◎ホームページによる情報発信
（アクセス総数：1万800件）

●ファックス・サービス
（10月実施　6回　157団体）

②交流事業

◎【活動団体交流会】の開催
（開催回数：1回　参加者数：70名）

◎【淡海ネットワークサロン】の開催
訪問サロンおよび市民活動団体等との共催による特定テーマのサロン
（開催回数：6回）

◎【県外活動団体との交流会】の開催
（10月28日～29日　石川県加賀市　参加者数：13名）

●【企業市民活動支援サロン】の開催
（開催回数：3回　参加者数：延べ51名）

◎【おうみ市民活動屋台村】の開催
テーマ：のれんをくぐれば○○○
（9月30日～10月1日　大津市　参加者数：130団体5000名）

③活動活性化事業

◎相談業務
（相談件数：159件）

◎【おうみ市民活動交流会】の開催
テーマ：新しいコミュニティとは？
（3月3日　彦根市　参加者数：170名）

◎ワークコーナーの運営　（1023件）

◎情報ボックスの運営　（利用団体数：133団体）

●NPO議員連盟フォーラム開催協力
（11月1日　草津市　参加者数：400名）

④人材育成事業

◎【わくわく市民活動ゼミナール】の開催
（開催回数：5回　参加者数：延べ186名）

☆【おうみ未来塾】の開催・運営
（2期生：26名　入塾式：6月11日　期間2年）
（1期生：25名　卒塾式：3月11日）

●研修受入　（インターンシップ）

⑤調査・研究事業

●【淡海ネットワークセンターの支援のあり方に関するアンケート調査】の実施
（1632団体・個人を対象）

⑥関係機関連携事業

◎【県民活動支援関係団体連絡調整会議】の開催
（開催回数：1回　構成団体（機関）：7団体）
県立女性センター　㈶滋賀県国際協会　㈶滋賀総合研究所
㈶淡海環境保全財団　(社福)社会福祉協議会
㈶レイカディア振興財団　㈶淡海文化振興財団

2001（平成13）年度実績

①情報提供事業

◎情報交流誌『おうみネット』の発行
（発行回数：6回　発行部数：1万2000部／回）

◎『淡海NPOデータファイル』の発行
（掲載団体数：610　発行部数：1500部）

◎『ブックレット』の発行
（発行数：3号　発行部数：各700部）

◎ホームページによる情報発信
（アクセス総数：16200件）

◎ファックス・サービス
（10回　164団体）

●出前公開放送「湖岸通り77番地・イン・淡海ネットワークセンター」
（3回）

②交流事業

◎【淡海ネットワークサロン】の開催
センター主催および市民活動団体等との共催によるサロン
（開催回数：6回　参加者数：延べ100名）

◎【県外活動団体との交流会】の開催
（12月1日～2日　岐阜市・大垣市　参加者数：15名）

◎【企業市民活動支援サロン】の開催
（開催回数：2回　参加者数：延べ46名）

◎【おうみ市民活動屋台村】の開催
テーマ：人と人との出会いが元気の素
（9月29～30日　大津市　参加者数：100団体　3000名）

③活動活性化事業

◎相談業務
（相談件数：151件）

◎【おうみ市民活動交流会】の開催
テーマ：想いをかたちに変えるには
（3月2日　守山市　参加者数：82名）

◎ワークコーナーの運営
（1251件）

◎情報ボックスの運営
（利用団体数：145団体）

●NPO運営支援事業
滋賀県緊急雇用創出特別対策事業
（2月～3月　5団体へ臨時職員5名出向）

④人材育成事業

◎【わくわく市民活動ゼミナール】の開催
（開催回数：5回　参加者数：延べ196名）

◎【おうみ未来塾】の開催・運営
（3期生：28名　入塾式：6月9日　期間2年）
（2期生：22名　卒塾式：3月16日）

◎研修受入（インターンシップ）

⑤調査・研究事業

◎【淡海ネットワークセンターの支援のあり方に関するアンケート調査】の集計

⑥関係機関連携事業

◎【県民活動支援関係団体連絡調整会議】の開催
（開催回数：1回　構成団体（機関）：7団体）
県立女性センター　㈶滋賀県国際協会　㈶滋賀総合研究所
㈶淡海環境保全財団　(社福)社会福祉協議会
㈶レイカディア振興財団　㈶淡海文化振興財団

2002（平成14）年度実績

①情報提供事業

◎情報交流誌『おうみネット』の発行
（発行回数：6回　発行部数：１万２０００部／回）

◎『淡海NPOデータファイル』の発行
（追補版　掲載団体数：１３９団体　発行部数：４００部）

◎『ブックレット』の発行
（発行数：2号　発行部数：各７００部）

◎ホームページによる情報発信
（アクセス総数：１万７５００件）

☆ファックス・サービス
（10回　１７０団体）

●メールマガジンの配信
（7回　４９８件）

◎出前公開放送「湖岸通り77番地・イン・淡海ネットワークセンター」
（3回）

②交流事業

◎【活動団体交流会】の開催
（市民活動団体と共催）

◎【淡海ネットワークサロン】の開催
センター主催によるサロン　（開催回数：4回）

◎【県外活動団体との交流会】の開催
（11月3日〜4日　松本市　参加者数：15名）

◎【企業市民活動支援サロン】の開催
（開催回数：2回）

◎【おうみ市民活動屋台村】の開催
テーマ：友遊体験
（9月28〜29日　大津市　参加者数：１２０団体　６０００名）

③活動活性化事業

◎相談業務
（相談件数：１７５件）

◎【おうみ市民活動交流会】の開催
テーマ：活動の公益性とは？
（3月1日　野洲町　参加者数：62名）

◎ワークコーナーの運営　（１０７４件）

◎情報ボックスの運営　（利用団体数：１４６団体）

☆NPO運営支援事業
滋賀県緊急雇用創出特別対策事業
（8〜3月　20団体へ臨時職員20名出向）

④人材育成事業

◎【わくわく市民活動ゼミナール】の開催
（開催回数：5回　参加者数：１５０名）

◎【おうみ未来塾】の開催・運営
（4期生：27名　入塾式：6月9日　期間2年）
（3期生：27名　卒塾式：3月8日）

◎研修受入
（インターンシップ　2名）

⑤基金運営事業

●【おうみNPO活動基金の運営】
（第1回助成：8団体　助成額：1千万3千円）

2003（平成15）年度実績

①情報提供事業

◎情報交流誌『おうみネット』の発行
（発行回数：6回　発行部数：1万2000部／回）

◎『淡海NPOデータファイル』の発行
（掲載団体数：615団体　発行部数：1000部）

◎『ブックレット』の発行
（発行数：2号　発行部数：各700部）

◎ホームページによる情報発信
（アクセス総数：2万7929件）

◎ファックスサービス
（4回　170団体）

◎メールマガジンの配信
（42回　563件）

●広報力向上講座
（ライター養成・チラシ作成・ホームページ作成）

②交流事業

◎【淡海ネットワークサロン】の開催
センター主催によるサロン　（開催回数：3回）

◎【おうみ市民活動屋台村】の開催
テーマ：見たい　会いたい　楽しみたい
（10月4日～5日　大津市　参加者数：130団体　3950名）

③活動活性化事業

◎相談業務
（相談件数：183件）

◎【おうみ市民活動交流会】の開催
テーマ：連携の可能性をさぐる
（12月14日　守山市　参加者数：104名）

◎ワークコーナーの運営　（790件）

◎情報ボックスの運営（利用団体数：144団体）

◎NPO運営支援事業
滋賀県緊急雇用創出特別対策事業
（22団体へ臨時職員24名出向　6ヶ月　13日／月）

●企業・NPOマッチング事業
企業で使用されなくなった備品等が市民活動で役立てられるよう仲介した。
（2回　15団体）

●NPO会計サポーター養成講座
（1回　参加者数：71名）

④人材育成事業

◎【わくわく市民活動ゼミナール】の開催
（開催回数：3回　参加者数：115名）

◎【おうみ未来塾】の開催・運営
（5期生：21名　入塾式：6月7日　2年間）
（4期生：25名　卒塾式：3月7日）

☆研修受入
（インターンシップ　2名　自治体　2名）

⑤基金運営事業

◎【おうみNPO活動基金の運営】
（第2回助成：8団体　助成額：926万円）
（第1回成果発表会・マネジメント講座：2月29日）

⑥調査・研究事業

●淡海ネットワークセンターのあり方検討

2004（平成16）年度実績

①情報提供事業

◎情報交流誌『おうみネット』の発行
（発行回数：6回　発行部数：1万部／回）

◎『淡海ＮＰＯデータファイル』の発行
（掲載団体数：２８６団体　発行部数：４００部）

◎『ブックレット』の発行
（発行数：4号　発行部数：各７００部）

◎ホームページによる情報発信
（アクセス総数：2万７６８０件）

◎メールマガジンの配信　（42回　６１２件）

②交流事業

◎【淡海ネットワークサロン】の開催　（1回開催）
センター主催によるサロン

◎【おうみ市民活動屋台村】の開催
テーマ：あ！発見！市民の底力
（11月27日　守山市　参加者数：64団体　１０００名）

③活動活性化事業

◎相談業務　（相談件数：２２０件）

◎【おうみ市民活動交流会】の開催
テーマ：しがでの協働の可能性をさぐる
（11月28日　守山市　参加者数：68名）

◎ワークコーナーの運営　（７５７件）

◎情報ボックスの運営　（利用団体数：１３８団体）

◎ＮＰＯ運営支援事業
滋賀県緊急雇用創出特別対策事業
（24団体へ臨時職員24名出向　6ヶ月以内）

◎企業・ＮＰＯマッチング事業
企業で使用されなくなった備品等が市民活動で役立てられるよう仲介した。
（3回　17団体）

●ＮＰＯサポート事業
（講座等開催：3回　サポート委員派遣：13回5団体）

◎【わくわく市民活動ゼミナール】の開催
（開催回数：4回　延べ参加者数：２２５名）

④人材育成事業

◎【おうみ未来塾】の開催・運営
（6期生：21名　入塾式：6月6日）
（5期生：19名　卒塾式：3月5日）

◎研修受入
（インターンシップ　2名）

⑤基金運営事業

◎【おうみＮＰＯ活動基金の運営】
（第3回助成：9団体　助成額：１００９万円）
（第2回成果発表会：2月27日）

⑥調査・研究事業

◎淡海ネットワークセンターのあり方検討

●「しが協働モデル研究会」（県と協働）

●市民活動支援センターとの意見交換会

2005（平成17）年度実績

①情報提供事業

◎情報交流誌『おうみネット』の発行
（発行回数：6回　発行部数：1万部／回）

◎『淡海NPOデータファイル』の発行
（掲載団体数：253団体　発行部数：500部）

◎ホームページによる情報発信
（アクセス総数：2万8517件）

◎メールマガジンの配信　（33回　633件）

②交流事業

◎【淡海ネットワークサロン】の開催
わくゼミも統合し、専門分野の講座へ、会計税務講座などを開催
（開催回数：3回）

③活動活性化事業

◎相談業務　（相談件数：215件）

●【おうみ市民活動フォーラム】の開催
テーマ：協働のアリーナをどうつくるのか
―NPO・企業・行政の立場から―
【おうみ市民活動屋台村】同時開催
テーマ：彦根にこなきゃもったいない
（11月19日～20日　彦根市　参加者数：71団体　1333名）

◎ワークコーナーの運営　（702件）

◎情報ボックスの運営　（利用団体数：137団体）

◎企業・NPOマッチング事業
企業で使用されなくなった備品等が市民活動で役立てられるよう仲介した。
（3回　33団体）

◎NPOサポート事業
（訪問・面談：39回　18団体）
（マネジメント講座：1月29日）

◎市民活動支援センターとの意見交換会
（開催回数：6回）

④人材育成事業

◎【おうみ未来塾】の開催・運営
（7期生：28名／入塾式6月12日）
（6期生：19名／卒塾式3月11日）

●各種講座の開催
会計・マネジメント講座（開催回数：3回　参加者数：60名）
その他講座（開催回数：2回　参加者数：76名）

◎研修受入
（インターンシップ　1名）

⑤基金運営事業

☆【おうみNPO活動基金の運営】
（第4回助成：14団体　1218万7000円）
・自主事業助成：8団体
・協働事業助成：4団体（うち2団体は調査検討事業）
・NPO活動支援機能助成：2団体
（第3回成果発表会：2月26日）

2006（平成18）年度実績

①情報提供事業

◎情報交流誌『おうみネット』の発行
（発行回数：6回　発行部数：1万部／回）

◎『淡海NPOデータファイル』の発行
（追補版　掲載団体数：208団体　発行部数：390部）

☆ホームページによる情報発信
（10月リニューアル）

◎メールマガジンの配信
（58回　709件）

②交流事業

◎【おうみ市民活動屋台村】の開催
テーマ：きゃんせ。たかしま。「自然」いっぱい！
「いい出会い」いっぱい！
（10月28日～29日　高島市　参加者数：89団体　3000名）

◎おうみ市民活動フォーラムの開催
テーマ：新しい公共を考える
―マルチパートナーシップの時代―
（11月7日　大津市　参加者数：70名）

●活動団体ネットワーキング促進事業
（応募企画　4件のうち2件を採択　助成額10万円）

③活動活性化事業

☆相談業務
（相談件数：215件）
税務・会計・労務相談の実施（17件）
NPOミニ講座の開催（開催回数：12回　参加者数：27人）

◎ワークコーナーの運営
（638件）

◎情報ボックスの運営
（利用団体数：121団体）

●企業・NPO連携促進事業
（3月15日　大津市　参加者数：39名）

◎NPOサポート事業
（訪問・面談：36回　17団体）
（マネジメント講座：1月27日）

◎市民活動支援センターとの意見交換会
（開催回数：6回）

④人材育成事業

◎【おうみ未来塾】の開催・運営
（8期生：30名　入塾式：6月11日）
（7期生：26名　卒塾式：3月11日）

☆各種講座の開催
会計・マネジメント講座（開催回数：5回　参加者数：67名）
公共施設と市民とのかかわりを考えるフォーラム（参加者数：73名）
おうみ社会起業塾（開催回数：3回　参加者数：44名）

◎研修受入
（インターンシップ　2名）

⑤基金運営事業

◎【おうみNPO活動基金の運営】
（第5回助成：14団体　1301万1780円）
・自主事業助成：10団体
・協働事業助成：1団体（調査検討事業）
・NPO活動支援機能助成：3団体
（第4回助成団体成果報告会：2月24日）

2007（平成19）年度実績

①情報提供事業

◎情報交流誌『おうみネット』の発行（発行回数：4回　発行部数：1万部／回　16頁に改編）

☆『淡海NPOデータベース』の見直し

◎ブックレットの発行（発行数：2号　発行部数：各700部）

◎ホームページによる情報発信

◎メールマガジンの配信（月3回程度配信）

②組織運営サポート事業

◎相談業務（相談件数：152件）
税務・会計・労務相談の実施（29件）
NPOミニ講座の開催（開催回数：7回　参加者数：15人）

◎ワークコーナーの運営（781件）

◎情報ボックスの運営（利用団体数：121団体）

◎企業・NPO連携促進事業（3月5日　大津市　参加者数：61名）

◎NPOサポート事業（訪問・面談：31回　25団体）
（マネジメント講座　1月19日）

◎市民活動支援センターとの意見交換会（開催回数：4回）

●おうみ市民事業創出支援事業
・市民事業実態調査
・市民事業プロデュース委員会（開催回数：5回）
・市民事業可能性調査助成金（3団体　50万円）
・協働サロン（開催回数：2回）
・市民事業相談（14団体　30回）

③協働ネットワーキング・政策形成促進事業

◎活動団体ネットワーキング促進事業
（応募企画　9件のうち4件を採択　助成額20万円）

●10周年記念事業
・記念フォーラムの開催
テーマ：地域を見つめて。おうみの市民社会のカタチ
〜これからの10年をつくる
（6月24日　大津市　参加者数：78名）
・現場で学ぶ！おうみ市民活動楽宿
（12月21日〜22日　日野町、近江八幡市　参加者数：46名）
・記念出版　『滋賀の市民社会のカタチ　気楽に元気で』

④人材育成事業

◎【おうみ未来塾】の開催・運営
（9期生：28名　入塾式：6月10日）
（8期生：28名　卒塾式：3月2日）

◎各種講座の開催
市民活動・NPOスキルアップ講座（開催回数：3回　参加者数：83名）
市民事業化連続講座（開催回数：4回　参加者数：54名）

◎研修受入（インターンシップ　2名）

⑤基金運営事業

☆【おうみNPO活動基金の運営】
（第6回助成：20団体　2026万3000円）
・自主事業助成：11団体
・協働事業助成：4団体（うち3団体は調査検討事業）
・NPO活動支援機能助成：3団体
・まち普請事業助成：2団体
（第5回助成団体成果報告会：2月24日）

主な事業の実施状況

〈情報提供〉

情報交流誌「おうみネット」の発行

市民活動・NPOに関する情報提供と団体間の情報交流および淡海ネットワークセンター事業の広報を目的に、1997年8月から年6回（1997年度と2007年度は年4回）発行してきた。県内の市民活動団体・行政関係機関・金融機関、県外市民活動関係団体等に配布している。

No.1（1997年8月号）

No.17（2000年5月号）

No.23（2001年5月号）

No.35（2003年5月号）

No.53（2006年5月号）

No.	発行年月	特集記事
36号	2003年７月	十代の子どもたちを動かす大人の役割
37号	2003年９月	女性の社会参画に果たすNPOの役割
38号	2003年11月	特定非営利活動促進法制定５年目を迎えての県内NPO法人の動き
39号	2004年１月	地域プロデューサーが育つ「おうみ未来塾」
40号	2004年３月	市町村合併と住民の関わり
41号	2004年５月	児童虐待を防止する市民団体の取り組み
42号	2004年７月	環境問題に取り組むNPOのあり方
43号	2004年９月	県民イベントからの市民活動へのきっかけづくり
44号	2004年11月	文化芸術活動と市民活動の接点
45号	2005年１月	異文化の中で暮らす子どもたち～在住外国籍児童を取り巻く状況を考える～
46号	2005年３月	公共施設の管理運営とNPO～指定管理者制度を知っていますか～
47号	2005年５月	いま、ボランティアについて考える
48号	2005年７月	個人情報保護法とNPO
49号	2005年９月	市民企画公募型補助金・助成金を考える
50号	2005年11月	市民活動これまでの十年、これからの十年
51号	2006年１月	協働のアリーナをどうつくるのか～NPO・企業・行政の立場から～
52号	2006年３月	NPO法人の事業報告と情報公開
53号	2006年５月	あなたは団塊の世代に期待しますか？地域に生きる～団塊世代に贈るNPO的生活のすすめ
54号	2006年７月	あなたは誰に介護してほしいですか？介護保険。NPOだからできること！
55号	2006年９月	あなたは防災に対する備えをしていますか？過去の災害に学ぶ～あなたにこれからできること
56号	2006年11月	今の学校教育で一番深刻と思うのは？学校とNPOが繋がる～開かれた学校から見えてきたこと
57号	2007年１月	社会をよくするための起業をしたいと思う？新会社法と市民活動
58号	2007年３月	市民のチカラでもっと活かせる「公共施設」～指定管理の事例を通して考える～
59号	2007年６月	これからの市民活動を考える　パート1　市民活動この十年を読み解く
60号	2007年９月	これからの市民活動を考える　パート２　市民活動課題をさぐる～10周年記念フォーラムを開催して
61号	2007年12月	これからの市民活動を考える　パート３　市民活動継続と発展を考える～NPO法人ねおすの事例を通して
62号	2008年３月	これからの市民活動を考える　パート4　市民活動これから10年を展望する

情報交流誌「おうみネット」特集記事一覧

No.	発行年月	特集記事
1号	1997年8月	淡海ネットワークセンター誕生
2号	1997年11月	うまくいく活動のヒントーセンター徹底活用術
3号	1998年1月	新春座談会　ますます広がる滋賀の市民活動
4号	1998年3月	市民活動とは何か
5号	1998年5月	NPO法ってな～に？
6号	1998年7月	環境問題…あなたは何に関心がありますか？
7号	1998年9月	NPOフォーラム98関西会議開催される　NPOフォーラムに参加して～リポーター座談会
8号	1998年11月	NPO法人になるってどういうこと？
9号	1999年1月	NPO国際フォーラムイン滋賀　英国のチャリティ制度に学ぶ
10号	1999年3月	ピアザ淡海に引っ越します
11号	1999年5月	NPO法人ってどうやってなるの？
12号	1999年7月	環境問題の解決に対して何ができるだろう
13号	1999年9月	介護保険で社会が変わる
14号	1999年11月	「おうみ市民活動屋台村」を振り返って
15号	2000年1月	ボランティアについて考える
16号	2000年3月	今、熟してきた市民としての協働
17号	2000年5月	NPOを支える税制改革とは
18号	2000年7月	環境問題と市民活動
19号	2000年9月	介護保険とNPO
20号	2000年11月	助成財団の活動と役割
21号	2001年1月	地域プロデューサー養成塾　おうみ未来塾
22号	2001年3月	情報公開とNPO
23号	2001年5月	NPOと資金調達
24号	2001年7月	新しいまちづくりの動き
25号	2001年9月	NPOと税制
26号	2001年11月	世界湖沼会議からみた市民活動の動き
27号	2002年1月	学生にとってのNPOとは？
28号	2002年3月	NPOと政策提言
29号	2002年5月	見つけようマネジメントの解決策
30号	2002年7月	総合的な学習の時間とNPOのかかわり
31号	2002年9月	NPOの先駆性について
32号	2002年11月	座談会・NPOで働くということ
33号	2003年1月	NPOのためのリスクマネジメント
34号	2003年3月	おうみNPO活動基金
35号	2003年5月	NPOをとりまく動き～法改正、支援税制、公益法人制度改革

ブックレットの発行

市民活動推進の一助とするため、淡海ネットワークセンターが開催する講演会や講座等の記録をブックレットにまとめて発行してきた。

淡海ネットワークセンター発行ブックレット一覧

No.	発行年月	タイトル・報告者
1	1998年３月	「私たちがひらくこれからの地域社会ー新しいパートナーシップを考える」
2	1998年３月	「市民活動の意義と役割」山岡義典
3	1998年３月	「市民活動促進のための法制度をめぐる議論」雨宮孝子
4	1998年４月	「これからのNPO経営ーおうみ市民活動交流会記録」
5	1998年11月	「NPOのための資金獲得術」早瀬昇
6	1998年11月	「欧米のNPOの事例に学ぶ」跡田直澄
7	1999年６月	「市民・企業・行政のパートナーシップを求めて」
8	1999年10月	「NPOとボランティアの創造的な関係」播磨靖夫
9	1999年12月	「NPOと市民社会ー介護保険制度を通じて考える」石川治江
10	2000年４月	「現代社会と非営利組織」北村裕明
11	2000年９月	「人も元気、活動も元気、地域も元気ーおうみ市民活動交流会記録」
12	2000年12月	「地方分権と市民社会」富野暉一郎
13	2001年２月	「NPO／市民活動団体のためのボランティアマネジメント」筒井のり子
14	2001年３月	「日本のＮＰＯの現状と課題」田尻佳史
15	2002年１月	「新しいコミュニティとは？ーおうみ市民活動交流会2001記録」
16	2002年１月	「NPOがつなぐ学校と企業」小川雅由
17	2002年１月	「コミュニティでのしごとづくり」中村順子
18	2003年３月	「市民型公共事業ー霞ヶ浦アサザプロジェクト」飯島博
19	2003年３月	「NPOと行政とのパートナーシップのためのしくみづくり」白石克孝
20	2003年７月	「電子ネットワークとNPOー藤前干潟に学ぶ情報社会の広報戦術」松浦さと子
21	2004年４月	「市民風車が創りだす地域社会の希望」三上亨
22	2004年６月	「連携の可能性をさぐるーおうみ市民活動交流会の記録」
23	2004年12月	「ＮNPOの本質とその経営とは」加藤哲夫
24	2005年３月	「まちづくり概論～まちづくりの経緯と新しい方向を模索する～」岡崎昌之
25	2005年３月	「思いを行動に移し、3年で成果を出す組織へー市民活動団体・ボランティアグループリーダーのための組織づくり講座ー」田村太郎
26	2007年６月	「地域の個性から市民事業をつくるーおうみ社会起業塾の記録」
27	2008年３月	「企業とNPOとの協働の可能性を拓くー企業とＮＰＯの対話の夕べ（2007／2008）の記録」岸田眞代・原田勝彦

ホームページによる情報発信

１９９８年度から、淡海ネットワークセンターが実施する事業、市民活動・ＮＰＯに関する催し、助成金等の情報をホームページで発信してきた。２００６年10月に大幅なリニューアルを行った。

ファックスサービスとメールマガジンの配信

２０００年度から２００３年度まで、市民活動・ＮＰＯに関する情報をファックスで提供した。また、２００２年度からは、ホームページに掲載したお知らせや市民活動・ＮＰＯに関する新着情報をメールマガジンとして配信してきた。２００８年３月現在、１６８号、約８００件を配信。

〈人材育成〉

「おうみ未来塾」の運営

地域課題に取り組む「地域プロデューサー」が育つ塾を目指し、塾生が主体となってフィールドワークやグループ活動を2年間行う。１９９９年6月の開塾以来、９期の塾生を迎えており、２００８年3月現在、卒塾生と在塾生２００人余りが県内各地で様々な活動を行っている。

おうみ未来塾　在住市町別の塾生数

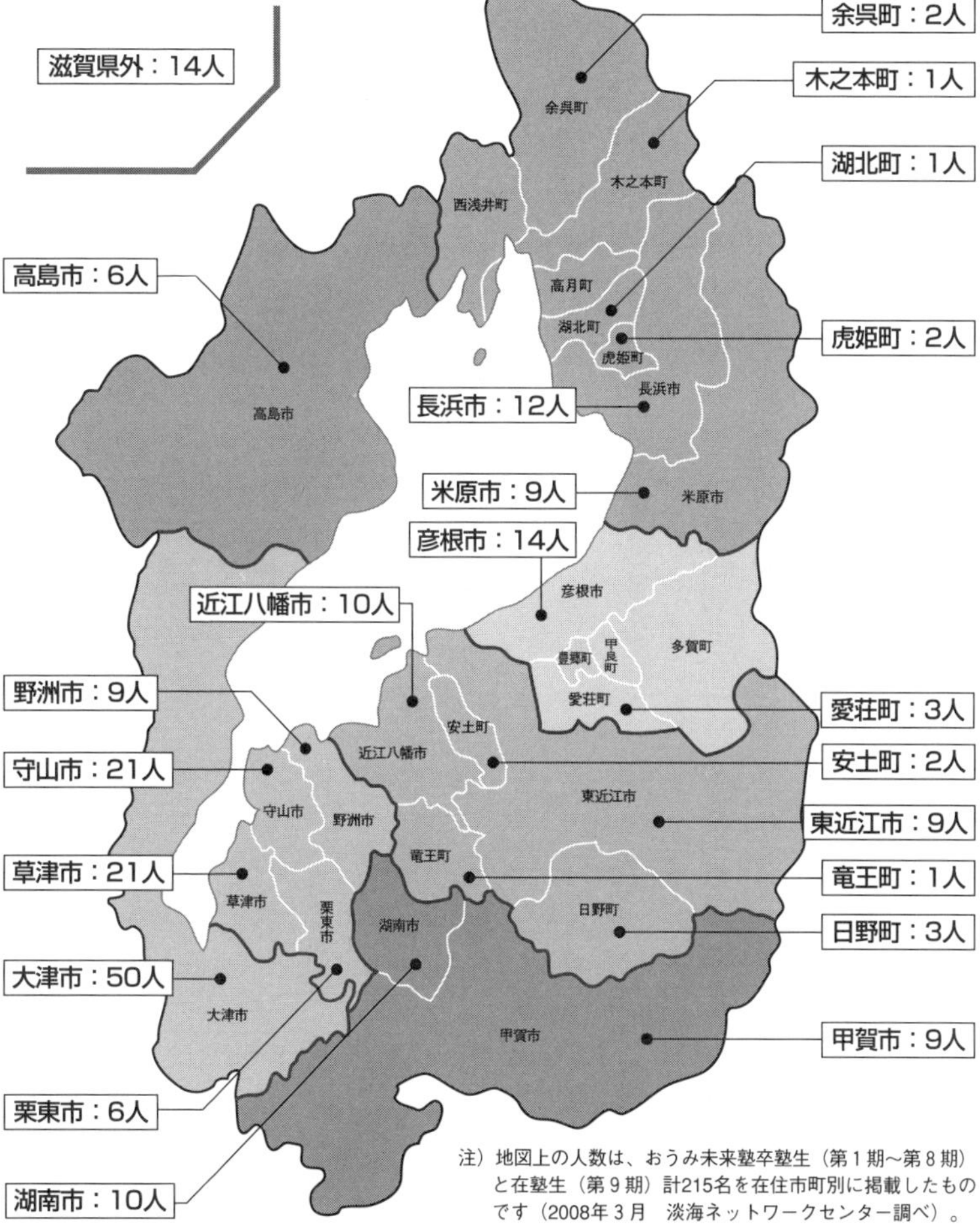

注）地図上の人数は、おうみ未来塾卒塾生（第１期～第８期）と在塾生（第９期）計215名を在住市町別に掲載したものです（2008年３月　淡海ネットワークセンター調べ）。

現地で学ぶフィールドワークの様子

実践で学ぶグループ活動の様子

おうみNPO活動基金の年度別経過　（単位：円）

		2002年度	2003年度	2004年度	2005年度	2006年度	2007年度
積立	行政拠出	50,000,000	0	30,000,000	0	24,000,000	
	企業寄付	1,053,330	4,627,132	982,036	1,820,390	1,635,000	689,500
	個人寄付等	0	67,477	130,857	109,192	57,471	116,329
	計	51,053,330	4,694,609	31,112,893	1,929,582	25,692,471	805,829
取崩	助成	4,190,000	11,823,000	9,124,000	13,546,000	11,487,000	16,255,780
年度末残高		46,863,330	39,734,939	61,723,832	50,107,414	64,312,885	48,862,934

注）2007年度は、見込み。

各種講座の開催

市民活動を進める能力向上を目指し、ＮＰＯを取り巻く課題や社会制度等の変化に合わせ、また、県内外の新しい地域づくりの事例等を学ぶ機会も取り入れて、各種の講座を開催してきた。

フォーラム・市民活動交流会の開催

市民活動に取り組む団体が、交流を通じて互いのノウハウを高める場として、１９９７年度から２００４年度までの8年間、「おうみ市民活動交流会」を開催した。２００５年度以降は、「おうみ市民活動フォーラム」として、ＮＰＯを取り巻く課題や社会の変化に沿ったテーマについて、有識者・実践者による講演やディスカッションを実施した。

〈市民活動団体の自立支援〉

「おうみＮＰＯ活動基金」による助成

市民活動団体の自立支援を目的に２００２年度に「おうみＮＰＯ活動基金」を設置し、滋賀県や企業、個人等からの資金提供により運営している。この基金を活用して、市民活動団体の自主的な活動に助成しており、２００４年度には協働事業の促進と市民活動・ＮＰＯを支援する組織の活動支援のためのメニューを追加、２００７年度には活動促進のための施設整備のメニューを追加した。２００７年12月までに、45団体

（延べ73団体）に総額７４８１万４７８０円の助成（２００８年分の助成決定を含む。）を行ってきた。また、様々な事業サポートも行っている。

おうみＮＰＯ活動基金助成団体

第1回（2003年）	第2回（2004年）	第3回（2005年）
農業小学校をつくる会	特定非営利活動法人 おうみ犯罪被害者支援センター	子どもの美術教育をサポートする会
おおつ環境フォーラム生ごみリサイクルプロジェクト	特定非営利活動法人杣の会	山門水源の森を次の世代に引き継ぐ会
菜の花プロジェクトネットワーク	早崎ビオトープネットワーキング	特定非営利活動法人 西大津駅周辺防犯推進協議会
特定非営利活動法人ＮＰＯぽぽハウス	特定非営利活動法人ＮＰＯぽぽハウス	特定非営利活動法人 ＮＰＯ子どもネットワークセンター天気村
ＮＰＯ蒲生野考現倶楽部	特定非営利活動法人蒲生野考現倶楽部	特定非営利活動法人蒲生野考現倶楽部
特定非営利活動法人朽木針畑山人協会	特定非営利活動法人サポートハウスほほえみ	特定非営利活動法人びぃめ～る企画室
スペースＷＩＬＬ	滋賀会館シネマホールファンクラブ	滋賀会館シネマホールファンクラブ
特定非営利活動法人ＣＡＳＮ	特定非営利活動法人ＣＡＳＮ	特定非営利活動法人ＣＡＳＮ
		特定非営利活動法人やまんばの会

第4回（2006年）	第5回（2007年）	第6回（2008年）
子どもの美術教育をサポートする会	子どもの美術教育をサポートする会	マイママ・セラピー
山門水源の森を次の世代に引き継ぐ会	山門水源の森を次の世代に引き継ぐ会	特定非営利活動法人 子育てネットワーク志賀　うりぼう
特定非営利活動法人 西大津駅周辺防犯推進協議会	特定非営利活動法人絵本による街づくりの会	特定非営利活動法人絵本による街づくりの会
特定非営利活動法人 ＮＰＯ子どもネットワークセンター天気村	特定非営利活動法人 ＮＰＯ子どもネットワークセンター天気村	特定非営利活動法人成年後見センターもだま
特定非営利活動法人環境工房ころころ	特定非営利活動法人環境工房ころころ	日本理美容福祉協会滋賀米原センター
特定非営利活動法人琵琶湖ネット草津	特定非営利活動法人琵琶湖ネット草津	八幡酒蔵工房
滋賀会館シネマホールファンクラブ	特定非営利活動法人鳩の街	特定非営利活動法人鳩の街
特定非営利活動法人あさがお	特定非営利活動法人あさがお	特定非営利活動法人あさがお
草津塾	特定非営利活動法人五環生活	特定非営利活動法人子ども自立の郷ウォーム アップスクールここから
特定非営利活動法人ＮＰＯぽぽハウス	特定非営利活動法人 菜の花プロジェクトネットワーク	特定非営利活動法人 菜の花プロジェクトネットワーク
特定非営利活動法人ＨＣＣグループ	おうみＸ－ＳＰＯＲＴＳプロジェクト	安曇川流域・森と家づくりの会
特定非営利活動法人 湖西生涯学習まちづくり研究会どろんこ	マキノまちづくりネットワークセンター	特定非営利活動法人滋賀大キッズカレッジ＆ 地域教育支援センター

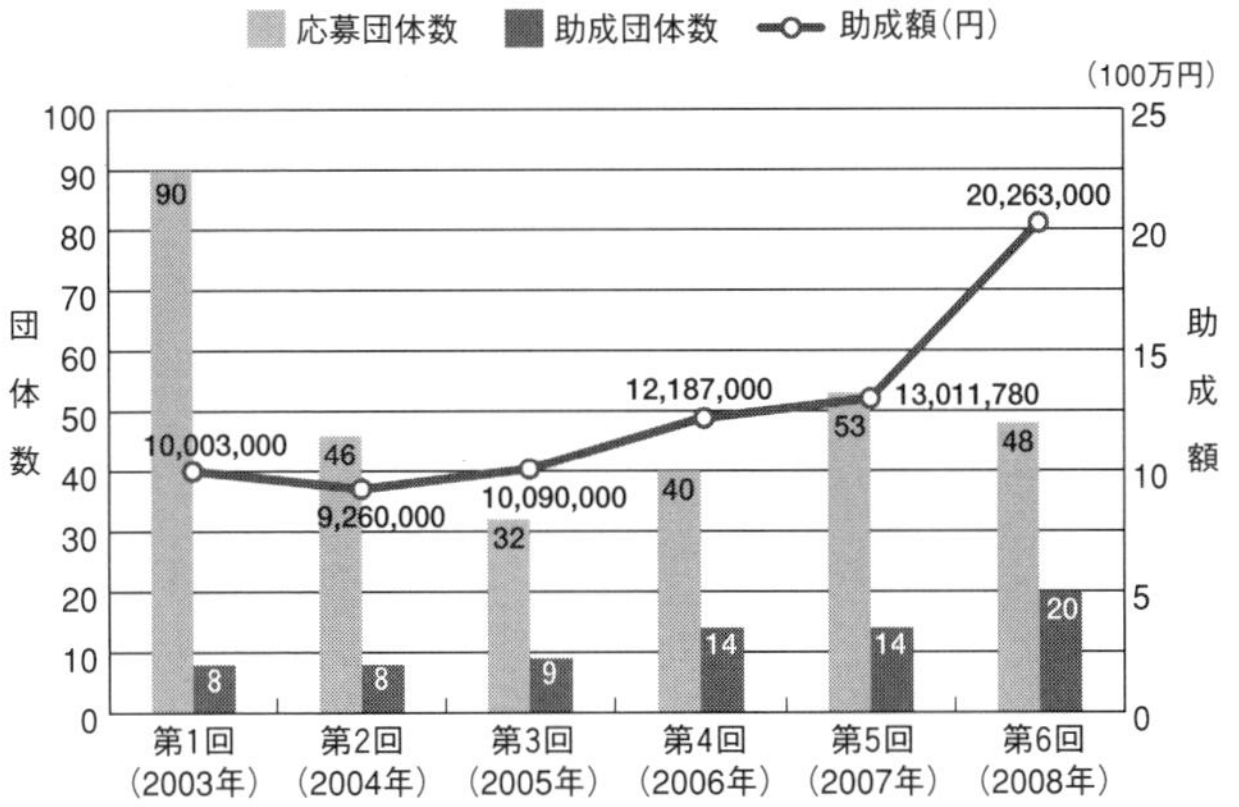

注）第4回からは協働事業助成とNPO活動支援機能助成を追加。
第6回はまち普請事業助成を追加。

おうみNPO活動基金助成団体数と助成額

マキノまちづくりネットワークセンター	特定非営利活動法人FIELD						
特定非営利活動法人FIELD	特定非営利活動法人おおつ市民協働ネット						
特定非営利活動法人芹川	里湖づくりの会	特定非営利活動法人環境工房ころころ	マキノまちづくりネットワークセンター	こほく共同オフィス「たまるん」	特定非営利活動法人ひとまち政策研究所	伊吹の源流を考える会	特定非営利活動法人 日吉台の福祉を語る会あじさいくらぶ

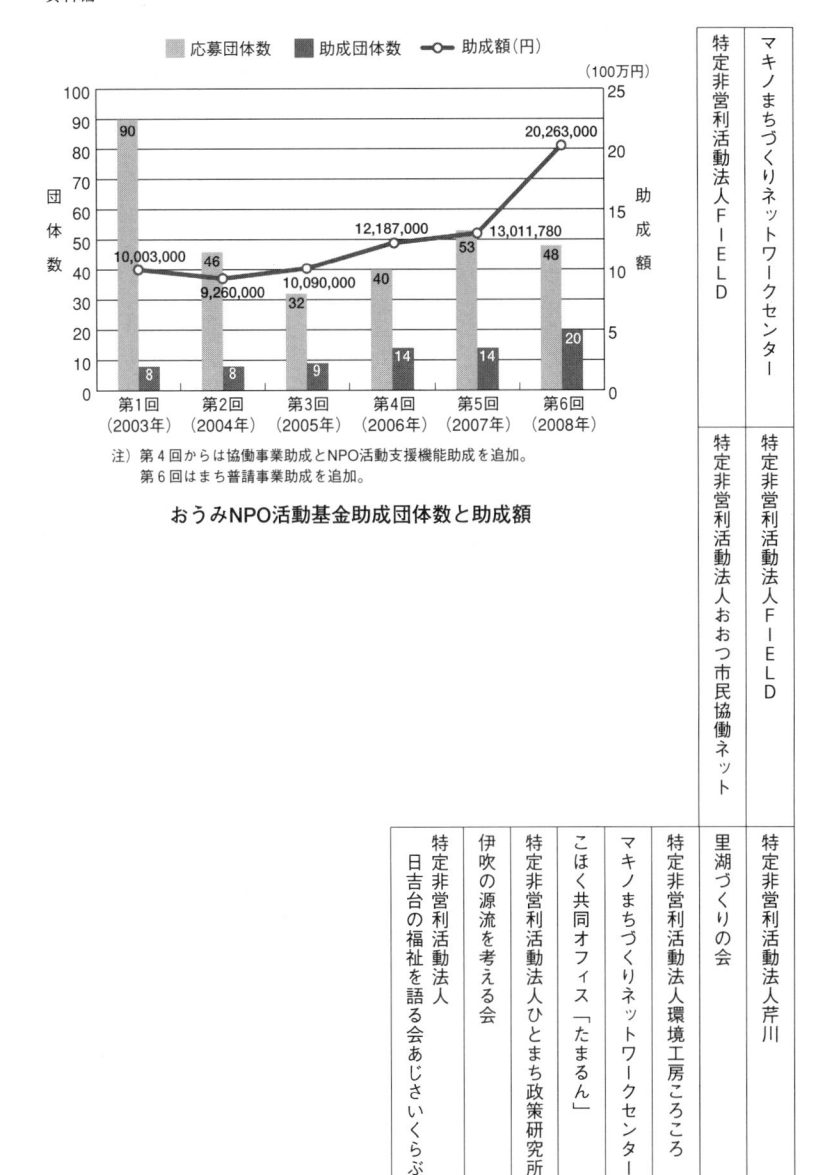

「おうみ市民事業創出支援事業」の実施

市民活動団体が事業を通して市場からの経営資源の獲得と社会的ミッションの普及を促進し、自立的・持続的・発展的な組織に成長するよう支援するとともに、それらを支える機関との連携を図るため、２００７年度から「おうみ市民事業創出支援事業」を開始した。２００７年度は、専門家および関係者による市民事業プロデュース委員会を設置して事業化のためのアドバイスを行ったほか、市民事業可能性調査と助成（3団体、総額50万円）、事業化のための相談会、団体同士をつなぐ「協働サロン」等を実施した。

〈市民活動団体のネットワーク促進〉

「市民活動団体ネットワーキング促進事業」の実施

市民活動団体の広域におけるネットワークづくりを促進するため、２００６年度から開始した。〝はじめの一歩〟となる取り組みに対し、２００６年度は2団体に総額10万円、２００７年度は4団体に総額20万円を助成した。

「おうみ市民活動屋台村」の開催

市民活動団体がパネル展示やステージ発表等を通して広く一般に活動を紹介したり、活動団体同士が交流する機会として、１９９９年度から２００６年度までに8回開催した。第1回から第5回までを大津市で、第6回以降は会場を守山市、彦根市、高島市に移して開催してきた。また、開催までのプロセスを重視し、事業の企画運営を有志の市民による実行委員会で行った結果、市民活動団体のネットワークづくりにつながった。

おうみ市民活動屋台村

あとがきにかえて

自分が動けば、まわりの人も動き出す。そして、少しずつ何かが変わっていく。その積み重ねが大きな社会変革の波を創りだす。その思いを具現化している人が滋賀県にはいっぱいいる！改めて今回の企画・編集に携わって、そう実感することができたのは、本当に大きな喜びでした。

編集のとりまとめをさせていただいた淡海ネットワークセンターは県域の市民活動・ＮＰＯ支援センターで、スタッフや参画いただく方々も行政関係者や市民活動実践者、学識経験者など、バックグラウンドは様々。それぞれの持ち味や価値観、ネットワークを持ち寄り、編集にあたりました。

「これからの滋賀はもっとおもしろくなる」を合言葉に、会議を重ね協議していく過程での気づきや学びは、私たちの歩みの中で今後大きな意味を持ってくると思います。一年をかけ作り上げてきたプロセスも広い意味での「協働」ではなかったかと、振り返っています。

最後に、示唆に富む意見やアドバイス、編集作業をお手伝いいただいた多くの方々に、改めて感謝を申し上げたいと存じます。

編集委員一同

滋賀の市民社会のカタチ

気楽に元気で ―淡海《おうみ》ネットワークセンターの10年―

2008年５月20日　初版第１刷発行

編集　淡海ネットワークセンター（財団法人 淡海文化振興財団）
〒520－0801　滋賀県大津市におの浜一丁目１－20
TEL 077－524－8440　FAX 077－524－8442

監修　谷口 浩司

発行　サンライズ出版
〒522－0004　滋賀県彦根市鳥居本町655-1
TEL 0749－22－0627　FAX 0749－23－7720

ISBN978-4--88325-361-6